HISTOIRE
DES
QUATRE SERGENTS
DE LA ROCHELLE

NOUVELLE ÉDITION

PRIX : 1 FR. 50 CENTIMES

PARIS
LIBRAIRIE DES VILLES ET DES CAMPAGNES
18, RUE SOUFFLOT, 18.

Imprimé par Charles Noblet, rue Soufflot, 18.

HISTOIRE

DES

QUATRE SERGENTS

DE LA ROCHELLE

NOUVELLE ÉDITION

PRIX : 1 FR. 50 CENTIMES

PARIS
LIBRAIRIE DES VILLES ET DES CAMPAGNES
18, RUE SOUFFLOT, 18.

HISTOIRE

DES

QUATRE SERGENTS DE LA ROCHELLE.

Nous voulons raconter l'histoire de la conspiration appelée des *quatre sergents de la Rochelle*, faire connaître ses principaux organisateurs, leurs projets, leurs espérances, et le résultat funeste auquel ce complot a abouti.

Mais, avant tout, disons quelques mots du Carbonarisme, au sein duquel il avait pris naissance, et en même temps des *Carbonari*.

Le Carbonarisme est d'origine toute moderne, c'est à la suite de la Révolution française qu'il s'est formé et développé en Italie. Il est d'ailleurs tout politique, et se propose pour but d'appeler les peuples à la participation du pouvoir. Son histoire est celle de tous les pays qui sont menacés de perdre leur indépendance, et l'un des griefs que nous lui verrons reprocher le plus souvent sera d'avoir aidé puissamment à l'émancipation des classes populaires. Sous ce point de vue, le Carbonarisme, la *Charbonnerie*, pour parler français, est des plus intéressant à étudier.

Quelques proscrits napolitains s'étaient retirés en Suisse et en Allemagne. Isolés, loin de leur pays, ils avaient cherché à se rapprocher en fondant une secte, dont le but était la régénération des peuples.

Craignant sans doute des persécutions dans le genre de celles qu'ils avaient déjà essuyées, ils s'entourèrent du plus prudent mystère.

Cependant, une pareille association ne pouvait rester toujours ignorée. Vers 1811, quelques sectaires français et allemands crurent devoir, dans l'intérêt même de l'association, s'adresser à la police napolitaine, et lui conseiller de favoriser, comme moyen de civilisation, la diffusion de leurs principes dans les rangs du peuple. Cette idée plut, à ce qu'il paraît, à Murat, alors roi de Naples ; il accorda son consentement, et le Carbonarisme s'introduisit dans le royaume, patronné en quelque sorte, dit M. Leynadier, par le pouvoir lui-même.

Les principes de cette Société étaient de nature à séduire l'imagination des Napolitains ; ils se répandirent avec une rapidité qui tient du prodige, et, en 1813, les administrations du royaume n'étaient, en quelque sorte, peuplées que de Carbonari.

Mais bientôt, craignant pour la solidité de son trône les menées du Carbonarisme, Murat chercha les moyens d'arrêter les progrès de cette institution, et ne trouva pas de meilleur moyen que de proscrire la Société qu'il avait en quelque sorte appelée. Il fit, contre elle, des lois sévères, et menaça de répressions exemplaires tous ceux qui y resteraient affiliés.

Les ennemis du gouvernement de Murat, quoiqu'ils vissent avec satisfaction l'expulsion d'une Société redoutable, intriguèrent habilement pour tourner à leur profit les forces morales et matérielles dont elle pouvait disposer. L'affaire fut conduite avec une extrême habileté par les agents de l'Autriche; on promit aux Carbonari tout ce qu'ils voulurent, et ceux-ci, se laissant aller à l'espérance d'un avenir meilleur, soulevèrent plus tard le pays, et relevèrent eux-mêmes l'étendard des Bourbons... Mais ils ne devaient pas tarder à s'en repentir.

Ferdinand Ier réoccupait à peine le trône, que déjà, cédant aux malheureuses suggestions des conseillers qui l'entouraient, il revenait à ses tendances d'absolutisme, et brisait la constitution qu'il avait jurée.

Les anciennes Sociétés libérales se remirent à l'œuvre avec une nouvelle ardeur, et la lutte recommença; lutte terrible et sanglante, qui devait susciter bien des martyrs.

Mais nous n'avons pas à entrer dans le récit de ces luttes. Nous avons hâte d'arriver aux *Carbonari* de France.

Immédiatement après l'entrée des Autrichiens à Naples, l'*Alta Vendita*, c'est-à-dire la vente suprême, ou le directoire des Carbonari, se sépara. Cette dissolution ne doit pas être attribuée à la crainte de la police, mais bien au désir de mettre des bornes à l'influence des succursales. Pendant l'été de 1821, les onze chefs de l'association s'assemblèrent à Capoue. Là, il fut résolu d'envoyer à l'étranger deux initiés, chargés de s'entendre avec les chefs du Grand-Firmament, et de voir s'il ne convenait pas de déplacer le siège du directoire des Carbonari.

Les députés étaient le Sicilien de Garatula, et le Napolitain Carlo Chiricone Klerckou, fils du duc de Fra-Marino, préfet du palais du roi. Ce dernier avait dans ses attributions l'Allemagne, la Suisse et la France.

Les deux députés s'abouchèrent avec les notabilités libérales de Paris, et, dans de successifs conciliabules, les bases de l'association furent posées.

Comme dans les Sociétés antiques, les Carbonari français, pour se mettre à l'abri des trahisons, adoptèrent deux modes de réception : le premier était la réception publique, où le néophyte était admis en présence de tous les membres assemblés, après avoir prêté serment sur la croix et offert le *métal*; le second était la réception par communication. Il peut en effet se présenter tel cas où il est important qu'une partie des membres ne connaisse pas l'initiation de tel ou tel individu ; il en est d'autres aussi où il convient mieux que la réception se fasse à une époque et dans un endroit où les membres présents sont peu nombreux. Dans ces divers cas, le chef de l'association délègue quelqu'un qu'il autorise à recevoir tels ou tels : on communique à ceux-ci le but et les statuts de l'ordre, et on leur délivre une quittance ; ils montrent cette pièce à la première loge venue, prêtent serment, et reçoivent un diplôme. Ils jouissent néanmoins des mêmes droits que les membres reçus dans les formes solennelles.

Ce qui avait manqué jusqu'alors aux Carbonari d'Italie, c'était un chef puissant, énergique, un chef qui eût compris quelle force il avait entre les mains. Le Carbonarisme, dans la direction qu'il avait suivie jusqu'alors, n'avait su rien faire. Quoique entré dans les rangs du peuple, il n'avait pas foi dans ce peuple, au sein duquel il cherchait des partisans. Il était aussi embarrassé de comprendre l'ardeur des jeunes gens qui, l'âme pleine d'enthousiasme, venaient par milliers grossir ses rangs, rêvant à leur patrie, à une république, à une guerre à mort contre les Autrichiens. L'association, quoiqu'ayant poussé dans le sol italien des racines profondes, s'épuisait à la poursuite d'un objet chimérique. C'était un corps immense et puissant à qui il manquait une tête; il y avait en lui absence, non pas de bonnes intentions, mais d'idées. Égaré par l'observation superficielle de quelques pays étrangers, il cherchait à créer une patrie commune, en levant un étendard qui n'était pas celui de la patrie : avec toute l'inexpérience d'un premier essai, il croyait pouvoir accomplir ce qui sera le plus grand événement des temps modernes, sans guerre, sans chocs violents, sans efforts populaires, en changeant seulement quelques mots dans les institutions du pays.

Mais, laissant de côté ces erreurs, quel courage, quels exemples de dévouement inconnus, mais féconds en résultats, a montrés la jeunesse qui composait les rangs inférieurs de cette association! Quelle glorieuse constance dans le but! Combien fut héroïque le martyre qui en devint si souvent le prix, et qui a relié, dans l'Italie à venir, par un seul et même baptême, les représentants de toutes les classes, prêtre, patricien, soldat et homme du peuple!

La persécution, en effet, ne tarda pas à atteindre les Carbonari. Ce n'est pas à Naples seulement et en Piémont que les proscriptions furent nombreuses, elles se répandirent sur toute l'Italie. Deux prêtres furent condamnés dans le duché de Modène, l'un à la détention perpétuelle, l'autre, Joseph Andreoli, professeur d'éloquence, à la peine de mort. Lorsqu'il entendit la lecture de son arrêt, il demanda s'il était le seul qui dût mourir. Sur la réponse affirmative qu'on lui fit, il rendit grâce à Dieu à haute voix, les mains jointes.

Le chiffre des condamnations, dans le duché de Modène seulement, s'éleva à cent quarante. En Lombardie, treize individus furent condamnés à mort le 18 mai 1821, uniquement parce qu'ils étaient affiliés aux Carbonari. Plus de cent personnes furent, pour le même motif, arrêtées dans le Piémont, et un nombre plus considérable encore à Naples.

Mais le Carbonarisme, proscrit d'Italie, venait se réfugier en France.

Quatre commis de l'administration de l'octroi, MM. Bazard, Flotard, Buchez et Joubert, avaient jeté les bases d'une association secrète qui, grâce aux circonstances et à l'état des esprits, ne tarda pas à faire de rapides progrès. Cette association, qui avait pris le titre de *Loge des Amis de la Vérité*, comprenait tout ce qu'il y avait à Paris de jeune dans les écoles de droit, de médecine ou de pharmacie, dans le commerce et l'industrie. En peu de temps, la *Loge des Amis de la Vérité* eut recruté un nombre redoutable d'adhérents. Cette Société, cependant, n'offrait rien de bien neuf dans son organisation; c'était toujours le même mode de réception, les mêmes moyens de propagande. Quant au but, il n'était pas sûr que les chefs de l'association eux-mêmes fussent parfaitement d'accord. On conspirait pour conspirer, et probablement sans avoir d'autre objectif. Les meneurs n'en demandaient pas davantage.

Mais ce qui est certain, c'est que la *Loge des Amis de la Vérité* semait de proche en proche, dans toutes les classes de citoyens, cette défiance sourde du pouvoir, qui, comme la goutte d'eau, finit par percer les plus solides remparts.

La restauration des Bourbons avait ramené, en même temps que l'ancienne monarchie, les prétentions d'un régime à jamais condamné. La Charte avait bien consacré les principes de liberté et d'égalité conquis par la France en 1789, mais les nouveaux gouvernants n'avaient pu prendre dans l'exil le goût du régime constitutionnel. Un désaccord évident entre le pays et ses chefs avait éclaté déjà pendant les Cent Jours ; après le désastre de Waterloo il s'accentua davantage ; de part et d'autre le sentiment d'apaisement, de soulagement, qui suivait 1814 avait, à la suite d'incidents significatifs, fait place à un sentiment de vengeance ; une réaction formidable s'abattait en effet sur toute la surface du pays, les prisons s'encombraient, les dénonciations, les vexations atteignaient les personnes les plus justement considérées. Une semblable persécution ne devait-elle pas soulever des colères, faire surgir des complots !

La première tentative faite contre les Bourbons fut l'échauffourée de Grenoble en 1816 ; elle finit par la mort de son chef, Didier, et l'immolation de vingt et un enfants et d'un vieillard.

La même année, trois malheureux, sous le nom de *patriotes de* 1816, furent guillotinés pour avoir fait des distributions de cartes *de reconnaissance*.

En 1817, sept autres furent exécutés pour avoir, disait l'accusation, conçu le projet de tirer sur les princes à Lyon.

Une autre conspiration, ourdie par des agents provocateurs, fournit au gouvernement l'occasion de prononcer vingt-huit condamnations à mort.

A partir de 1818, la colère semble se calmer ; mais les passions n'ont cessé de fermenter en dessous. La société de l'*Arc-en-ciel*, celle des *Amis de la Liberté de la Presse* travaillent dans l'intérêt de l'égalité et de la liberté et enseignent aux classes populaires le droit individuel.

L'assassinat du duc de Berri, le 13 février 1820, donnait de nouveaux prétextes à la politique de compression. A partir de ce jour la liberté de parler était proscrite, tout ce qui n'était pas royaliste pactisait, aux yeux du pouvoir, d'intention avec le crime ; malheur aux imprudents ! une parole peu mesurée pouvait conduire à l'échafaud. Aussi, tous se taisaient, un silence de mort régnait à la surface de cette société naguère si bruyante. C'est à ce moment que s'implante sur notre sol la *Charbonnerie*.

C'est à ce moment que Joubert et Dugied, qui étaient allés offrir leur concours aux Sociétés secrètes de Naples, arrivèrent à Paris.

La capitale frémissait encore des derniers actes du pouvoir ; des ministres trouvés trop libéraux venaient de tomber du pouvoir ; la loi électorale était modifiée dans un sens restrictif ; d'autre part, on voyait le gouvernement, engagé de plus en plus dans la voie de la réaction, s'entourer des hommes les plus antipathiques à l'opinion... des *Jésuites!* Où s'arrêterait-il, une fois lancé dans cette voie ?

Le terrain était donc tout préparé quand Joubert et Dugied reparurent à Paris ; ils trouvaient les amis qu'ils avaient laissés au départ disposés à tout entreprendre pour conserver les derniers débris menacés de la liberté. Initiés, à Naples, aux mystérieuses opérations du Carbonarisme, ils apportaient avec eux les principaux règlements de cette association. Ces règlements, ils les communiquèrent à leurs amis Bazard, Buchez, Flotard, Cariol aîné, Sigaud, Guinaud, Corcelles fils, Sautelet et Rouen aîné.

L'association telle que les Italiens l'avaient conçue avait cependant des allures mystiques, vagues, et pour ainsi dire insaisissables, qui ne pouvaient convenir au caractère national. Il fallait quelque chose de plus positif, des formes plus précises, un but mieux défini. Les amis de Dugied le comprirent tout d'abord, et ils chargèrent trois d'entre eux de réviser les statuts du Carbonarisme et de les adapter, au moyen de certaines modifications, au génie français. Ce furent Buchez, Bazard et Flotard qui furent choisis pour jeter les bases de la *Charbonnerie* française. Ils s'adjoignirent plus tard, comme coopérateurs, quatre de leurs amis, Joubert, Dugied, Cariol aîné et Limpérani.

C'est dans un bouge de la rue des Copeaux, aujourd'hui rue de Lacépède que furent arrêtés les règlements de la nouvelle association.

Dès qu'elle parvint à la connaissance des hommes qui rêvaient secrètement un autre ordre de choses politique, chacun à l'envi s'y fit enrôler. On avait besoin de conspirer, c'était au sein de ces Sociétés seulement que l'on pouvait épancher sans crainte les douleurs dont l'on était abreuvé, les haines qu'une politique imprudente faisait germer dans les cœurs!

Du reste, les fondateurs avaient réussi à merveille; les rites nouveaux trouvaient de nombreux adhérents. En peu de temps on compta un nombre considérable d'associations, répandues par toute la France.

Ces associations étaient évidemment à tendances républicaines; les paroles adressées au récipiendaire étaient empreintes des idées les plus avancées : c'était pour mettre un terme à la corruption qui ronge la société que la Charbonnerie avait été fondée; c'était pour réunir en un même faisceau toutes les généreuses pensées, pour remettre tous les hommes en possession de leurs droits, les faire participer au bienfait de l'instruction, et de toute l'humanité constituer un peuple de frères; avant tout, c'était pour appeler le peuple souverain à organiser son gouvernement comme il l'entendrait.

En entrant dans l'association chaque membre s'obligeait, par serment, à avoir dans sa demeure un fusil et cinquante cartouches, à être prêt à se dévouer à quelque moment que ce fût et à obéir aveuglément aux ordres de chefs inconnus.

Chaque chose se faisait avec une régularité, une prudence, un secret tels, que pendant longtemps la police ne se douta pas de l'existence de l'association. C'est seulement lorsque la Charbonnerie s'introduisit dans les régiments qu'elle parvint à obtenir quelques renseignements. Toujours est-il que, pendant que la police s'endormait, l'association étendait chaque jour son réseau.

Elle était divisée en *ventes militaires* et *ventes civiles*. Les premières se subdivisaient en *ventes, hautes ventes, vente suprême;* les secondes en *légions, cohortes, centuries*.

A la fin de 1820, l'association comptait déjà bon nombre de ventes civiles, en province et à Paris; elle avait aussi établi trois ventes militaires, l'une dans le 18e de ligne, la seconde dans le 45e, la troisième enfin au sein de l'Ecole polytechnique.

Il y avait un an que l'association de la Charbonnerie française était instituée, lorsque l'on parla pour la première fois de tenter au grand jour le sort d'une révolution. A ce moment, la Société avait déjà d'illustres chefs, sur le dévouement desquels on pouvait compter. C'étaient, d'une part, La Fayette, son fils, Dupont (de l'Eure), d'Argenson, Corcelles père, Kœchlin, Schonen et Mérilhou; de l'autre, Manuel, Mauguin et Fabvier. Il va sans dire que La Fayette était l'âme des conjurés. Toutefois, la présidence réellement effective avait été déférée à Bazard, qui n'avait pas encore trente ans.

Quoique assez puissante alors pour tenter un mouvement, l'association avait besoin de s'attacher davantage l'armée. Il semblait au comité directeur que l'esprit des régiments n'était point encore suffisamment préparé pour tenter quelque chose de sérieux. Jusqu'alors, les ventes militaires n'avaient pas compté beaucoup de membres; c'était une organisation à surveiller ; il fallait avant toute chose trouver un moyen d'augmenter le nombre des affiliés.

A cet effet, on décida d'envoyer en province quelques membres actifs : Flotard partit pour l'Ouest, Dugied pour la Bourgogne, Rouen aîné pour la Bretagne, et Joubert pour l'Alsace. Puis, pour relier les diverses opérations de la province à celles de Paris, pour que la Charbonnerie marchât avec unité, on créa à Paris un comité d'action.

La Charbonnerie compte donc dès lors des *ventes* très-nombreuses dans l'est, dans l'ouest et dans le midi : à Rennes, à Nantes, à la Rochelle, à Poitiers, à Bordeaux, à Toulouse. Elle avait, en outre, établi plusieurs ventes militaires, notamment à Niort, Angers, Saumur, Thouars, Béfort, Nancy, Metz, Strasbourg, Mulhouse, Neufbrisach. Lyon était considéré comme une des ventes les plus redoutables. Les officiers d'artillerie étaient entrés avec empressement dans l'association.

La vente centrale, qui seule était à même de préciser les forces matérielles et les moyens d'action de l'association, pouvait seule aussi choisir le moment opportun et le lieu favorable à une tentative d'insurrection. Elle hésita pendant quelque temps avant de donner le signal; la responsabilité apparaissait sérieuse; lorsqu'enfin il ne fut plus possible de reculer, on décida que le colonel Pailhès se rendrait à Béfort avec un certain nombre d'étudiants de Paris, et que le général La Fayette se rendrait lui-même dans cette ville.

Trente jeunes gens furent, en conséquence, désignés pour cette expérience, et ces jeunes gens acceptèrent. Ils savaient qu'ils marchaient peut-être à la mort, mais l'amour de la liberté l'emporta sur ces âmes généreuses, et ils partirent sans hésiter, oubliant tout, amis, famille, pour ne songer qu'à la patrie.... On raconte que, lorsqu'ils furent en pleine campagne, ils se prirent à chanter la *Marseillaise*, et chacun tressaillait en les écoutant ; et, sans prendre garde que cette imprudence pouvait compromettre l'entreprise, ils firent entendre le même chant jusque sous les murs de Béfort.

Dans cette dernière ville, tout était prêt pour les recevoir. On se mit en mesure. Le moindre délai pouvait être fatal ; depuis l'arrivée du petit bataillon, la ville avait pris, en effet, un air inusité ; certaines indiscrétions avaient même éveillé des soupçons. Les conjurés étaient impatients d'agir ; les chefs cependant retenaient le signal, attendant l'arrivée de La Fayette, sur la popularité de qui l'on comptait beaucoup pour donner au mouvement l'impulsion nécessaire.

Que faisaient pourtant à Paris les chefs de la vente centrale? Ils s'oubliaient dans le vain espoir d'un succès que leurs incertitudes rendaient impossible, et ils s'occupaient prématurément de poser les bases d'une constitution.

Au moment où La Fayette, fidèle à la parole qu'il avait donnée, allait s'éloigner de Paris pour se rendre à Béfort, quelques-uns de ses collègues le circonvinrent et le supplièrent d'attendre, avant de s'éloigner, de nouvelles informations. La Fayette avait le caractère faible ; il ne sut pas résister à ces instances, et différa. Pendant ce temps, on dépêcha le peintre Ary Scheffer à Béfort, avec ordre de s'informer à fond de l'état des choses, et de revenir en instruire le général. Au retour d'Ary Scheffer, le général se mit enfin en route avec son fils.

Mais ce retard avait été fatal à l'entreprise. L'insurrection avait été fixée au 31 décembre à minuit. Plusieurs officiers de la garnison étaient sous les armes : le sergent-major Pacquetet retint pendant deux heures les soldats dans les chambres de la caserne, sac au dos et prêts à marcher. Les dispositions semblaient heureusement prises ; mais il est bien difficile de grouper un certain nombre d'hommes sans que parmi ces hommes il ne se glisse un lâche, et il arriva ce qui arrive presque toujours en pareille occurrence. Effrayé des suites que pourrait avoir, pour tous ceux qui y auraient pris part, une pareille entreprise, si elle venait à manquer, un sous-officier ne vit d'autre ressource, pour conjurer le danger qu'ils couraient, que de tout révéler au commandant de place, et de sauver ainsi ses jours aux dépens de ceux de ses compagnons.

Le commandant de place une fois prévenu, l'entreprise avortait. La troupe fut, en effet, immédiatement appelée sous les armes. Les conjurés, surpris, n'eurent que le temps de se rendre en toute hâte sur la place publique, pour aviser aux mesures à prendre. Là, le lieutenant du roi qui survient essuie un coup de pistolet ; mais la balle s'aplatit sur sa croix, et il en est quitte pour la peur. C'est le seul essai de résistance. Toute autre tentative est désormais jugée inutile par les conjurés, et la conspiration échoue dans l'œuf.

Au moment où le coup de pistolet était tiré sur la place de Béfort, une chaise de poste entrait dans les faubourgs, amenant Joubert et un officier de la portion de régiment en garnison à Neufbrisach ; il était envoyé par ses camarades pour assister au mouvement de Béfort, en assurer la réussite, et venir immédiatement après provoquer celui de Neufbrisach. Ils furent assez heureux l'un et l'autre pour pouvoir rebrousser chemin sans accident. L'officier qui accompagnait Joubert était Armand Carrel, alors lieutenant au 29ᵉ de ligne. Sachant que Carrel s'était absenté sans permission, et voulant le prendre en contravention aux règles de la discipline, le commandant du bataillon de Neufbrisach avait ordonné une revue du bataillon, à laquelle il était bien sûr que son subordonné ne pourrait assister ; mais le double trajet entre Béfort et Neufbrisach avait été parcouru si lestement, que Carrel, qui était parti en grand uniforme, rentrait en ville au moment juste où l'on prenait les armes, et, au grand désappointement du commandant, allait prendre son rang dans le bataillon.

La tentative ayant avorté, il était important de contremander l'arrivée du général La Fayette à Béfort. La présence du général eût été, à coup sûr, une circonstance accablante et pour lui-même, et pour ceux des conspirateurs qui avaient été arrêtés. Bazard, chef du mouvement, sans calculer longtemps, s'élance sur la route de Paris, interrogeant du regard l'horizon pour voir s'il n'est pas suivi lui-même. Il arrive à un village, où le fils Corcelles avait été mis en sentinelle pour attendre le général. La Fayette n'était pas encore arrivé. Après quelques heures d'attente, une chaise de poste apparaît. Bazard vole à sa rencontre ; c'est bien le général. En quelques mots il lui explique comment la conspiration vient d'avorter, puis la voiture rebrousse chemin. Le désespoir dans l'âme, La Fayette quitte la route de Paris afin de détourner les soupçons, et se rend chez son collègue, M. Martin de Gray, député de la Haute-Saône, où il passe plusieurs jours. Quant à Bazard et à Corcelles, ils font mettre aussitôt des chevaux de poste à une mauvaise charrette découverte, et s'élancent tous les deux vers Paris, afin d'y porter la fâcheuse nouvelle.

C'est ainsi que se termina le mouvement de Béfort, sur lequel les Carbonari avaient fondé leurs espérances.

A la même époque, un mouvement identique se terminait sans plus de résultat dans l'Ouest. Dans cette partie de la France, les *Charbonniers* attendaient avec impatience le moment d'en venir aux mains avec le pouvoir. Le général Berton s'était mis à la disposition de la conspiration ; parti de Paris, il s'était dirigé vers la petite ville de Thouars, qu'il avait choisie pour base de ses opérations.

Le général n'était peut-être pas le chef qu'il fallait pour une entreprise de cette nature : homme de cœur, soldat intrépide, joignant à un véritable talent militaire l'éloquence audacieuse d'un homme de parti, son imagination l'emportait souvent au-delà des bornes, il n'avait pas ce sang-froid qui est la moitié des qualités du conspirateur. Des généraux auxquels on s'était adressé, Berton était d'ailleurs le seul qui eût, sans hésiter, accepté la mission périlleuse de lever l'étendard de l'insurrection. Il avait suivi avec attention la marche du Carbonarisme par toute la France, il savait au juste l'état des esprits et ne doutait pas que le pays ne fût à la veille d'une conflagration générale, et que la dernière heure du pouvoir n'eût sonné. Dans cette pensée il s'était ménagé des intelligences dans la petite ville de Thouars, chef-lieu d'un arrondissement du département des Deux-Sèvres, et, dans la nuit du 23 au 24 février, les esprits lui paraissant suffisamment préparés, il avait donné tout à coup le signal de l'insurrection. Aidé du commandant de la garde nationale et de quelques habitants, il surprend le poste de la brigade de gendarmerie et se rend maître de la ville.

Malheureusement Berton comptait trop sur les promesses qui lui avaient été faites ; le moment de l'exécution venu, il s'aperçut qu'il était presque seul ; mais il était trop tard pour reculer.

Parmi les hommes que Berton avait ralliés à son entreprise se trouvait le jeune Delon, élève de l'école de Saumur, déjà compromis dans une première affaire, et qui était parvenu à se soustraire à toutes les recherches. Maître de la ville, Berton fait arborer un drapeau tricolore, qui était caché dans la mairie. La boutique d'un armurier est enfoncée, et on enlève les armes qu'elle renferme. Immédiatement après, on publie une proclamation indiquant dans des termes un peu vagues le but de la prise d'armes. Cela suffisait pour soulever certaines passions locales ; ce n'était pas assez pour opérer une révolution.

Berton mit d'ailleurs une lenteur fatale à profiter de la légère victoire qu'il venait d'obtenir. Dès le premier moment, un esprit moins aveuglé que celui du général pouvait prévoir l'avortement d'une entreprise faite avec une telle insuffisance de moyens. Néanmoins, le général crut devoir marcher sur Saumur afin de soulever l'école royale de cavalerie.

Déjà la nouvelle de l'affaire de Thouars avait gagné Saumur et, à tout hasard, l'autorité avait organisé à la hâte une sorte de défense : M. de Maupassant, maire de la ville, avait rassemblé la gendarmerie, et pris des mesures pour empêcher les désertions de l'école.

C'est vers sept heures du soir environ que Berton se présenta sur le pont Feuchard, situé à quelque distance de la ville. Le pont Feuchard était gardé par le maire, quelques gardes nationaux et vingt-quatre élèves de l'école. Le jeune Delon essaya vainement de déterminer les élèves, ses anciens camarades, à suivre le général ; il ne put y réussir. Berton avait compté sur ces auxiliaires ; ayant désormais la conviction que l'entreprise était manquée, il ne voulut pas verser inutilement le sang de ses amis, et battit en retraite.

Pendant ce temps, le sous-préfet de Bressuire s'était rendu à Thouars, où il n'avait pas tardé à rétablir l'ordre.

Berton et les siens se trouvaient donc dans une position fort critique : la plupart des conjurés l'abandonnèrent, et il demeura avec Delon et tout au plus quinze hommes ! Delon parvint à s'embarquer pour l'Espagne, et la petite troupe se dispersa ; Berton, lui, se vit contraint de chercher un asile au fond des bois.

Malheureusement, la trahison veillait, et elle devait découvrir sa retraite.

Le gouvernement, de son côté, en apprenant l'explosion de ces deux complots, avait jeté de toutes parts des regards effarés; la peur l'avait pris, et, sous cette impulsion malsaine, il s'était résolu à agir avec la dernière rigueur.

Bon nombre d'arrestations furent faites à Béfort le soir même de l'affaire : on s'était emparé de la plupart des conjurés, parmi lesquels figuraient Guinaud, que l'on prit, dans le premier moment, pour le chef du complot ; Rouen jeune, Pauce, Paulin, Brunel, Canisy, Grenier, Salveton, Vernière, Roussillon, Grometty, lieutenant au 29e ; Pacquetet, sergent-major ; Schotteau, sergent ; Frache, Gosselin, Saint-Venant, tous trois sergents-majors ; Battisti, vaguemestre ; Netzer, ex-maréchal-des-logis. Le colonel Pailhès fut arrêté, ainsi que le lieutenant Dublard, au moment où ils allaient franchir la frontière. Buchez, arrêté à Nancy, et Dubochet à Paris, furent conduits à Colmar, où le procès allait s'instruire.

Plusieurs des conjurés parvinrent cependant à s'échapper ; de ce nombre étaient Ary Scheffer et son jeune frère Henri, le colonel Brice, Guinaud, Peghouse, Klein, Planex et Lartigues. Peugnet, le lieutenant qui avait tiré sur le lieutenant du roi; Petit-Jean, Beaume et quatre officiers en demi-solde; Bru, Pégulu, Lacombe et Desbordes, gagnèrent la Suisse. Les sous-officiers Tellier et Watebled eurent moins de bonheur, ils furent saisis en Suisse et ramenés en France.

Si le gouvernement, comme on le voit, avait laissé échapper bon nombre de coupables , il en restait assez entre ses mains pour faire un exemple. On se mit, sans désempa-

rer, à instruire le procès : les faits étaient patents et ne pouvaient pas prêter à l'ambiguïté ; il ne s'agissait plus que de trouver un jury favorable, et avec un peu de bon vouloir la chose était facile.

On mit les prisonniers au secret ; on espérait ainsi lasser leur constance, et obtenir d'eux des aveux complets. Mais on avait affaire à des hommes que la crainte de la mort n'était pas capable d'effrayer. Buchez montra surtout une fermeté inébranlable, et refusa obstinément de répondre aux questions insidieuses qu'on lui adressait. « Faites votre devoir, répondait-il au juge qui l'interrogeait ; le mien est de ne pas vous répondre, je ne vous répondrai pas. »

Au surplus, les accusés furent, de la part des habitants de Colmar, l'objet d'attentions toutes particulières. Dès que le secret fut levé, chacun demanda avec empressement l'autorisation de les voir ; leurs familles reçurent l'accueil le plus touchant.

Quoi qu'on pense de la tentative de ces hommes, ce n'étaient pas assurément des criminels. Et puis, ils s'étaient dévoués pour une cause qui a été réputée de tout temps noble et sainte, la cause de la liberté ; ils avaient pu s'égarer, le gouvernement pouvait le croire et le dire ; méritaient-ils la mort ?

Si la population avait été profondément émue pendant les mois qui précédèrent le procès, elle le fut bien plus encore lorsque ce procès commença. Rien assurément de plus dramatique. L'avocat Barthe n'avait jamais été plus éloquent... Tout l'auditoire fondait en larmes, et le défenseur lui-même était tellement troublé après l'audience, qu'il parcourut toute la ville sans s'apercevoir qu'il avait oublié son chapeau. Les autres avocats se montrèrent également à la hauteur de leur rôle.

Grâce à cette mâle éloquence que les accusateurs et les juges furent tout étonnés d'entendre ; grâce aussi à l'attitude de la population alsacienne, qui assistait à toutes les phases du débat, et ne laissait pas ignorer l'intérêt qu'elle portait aux prévenus, les jurés ne prononcèrent aucune condamnation capitale, et peu s'en fallut, dit-on, qu'ils ne rapportassent un verdict d'acquittement. Quatre des accusés seulement furent condamnés : Tellier, Pailhès, Dublard et Guinaud. La peine infligée fut la même pour tous, c'est-à-dire cinq ans de prison, 500 fr. d'amende et deux ans de surveillance de la haute police.

Il était impossible de se faire illusion après un tel résultat ; évidemment le gouvernement venait d'éprouver un échec, il fallait faire oublier un si mauvais exemple.

D'ailleurs, la Restauration n'en avait pas fini avec les complots et les conspirateurs. Vaincue dans le procès de Colmar, elle se retourna vers Thouars, et songea à réparer, autant que possible, son insuccès. Toutefois, de ce côté, la plupart des conjurés étaient parvenus à s'échapper ; Berton seul et quelques-uns de ses amis n'avaient pas encore pu se résoudre à abandonner la partie. Mais il n'était pas aux mains de la justice, il était donc indispensable de s'emparer de la personne de Berton.

Berton se cachait bien ; il avait trouvé, dans son malheur, plus de sympathies que dans sa fortune. Les recherches étaient vaines et n'aboutissaient qu'à jeter plus de confusion sur le parti royaliste. Après les échauffourées de Saumur et de Thouars, le général s'était réfugié dans les bois, et n'en sortait que poussé par la faim. D'ordinaire, il se rendait chez un notaire du nom de Delalande, lequel n'hésitait pas à le recevoir dans sa maison de campagne, au risque de compromettre sa propre existence.

Berton avait auprès de lui un homme qui l'avait accompagné dans presque toutes ses expéditions, et qui semblait lui avoir voué un attachement sans bornes. Cet homme se nommait Grandménil, il avait fait preuve d'adresse dans presque toutes les missions qui jusqu'alors lui avaient été confiées ; aussi Berton le prenait pour confident de toutes ses espérances, de tous ses projets. Depuis la malheureuse issue de leur tentative sur Thouars, Grandménil n'avait pas quitté Berton, et ce dernier lui savait gré de ce dévouement qu'il croyait désintéressé.

Un jour, Grandménil laissa entrevoir au général que tout espoir n'était pas perdu, que peut-être ils étaient à la veille de relever leur entreprise, et, cette fois, avec des chances presque certaines de réussite. Il lui dit qu'un nouveau régiment de carabiniers venait d'arriver à Châteaudun, et que l'association comptait dans ce régiment bon nombre d'hommes dévoués ; qu'avec un secours aussi puissant, il serait facile de s'emparer de la ville, d'entraîner l'école, et qu'une fois engagé dans cette voie, le succès ne pouvait être douteux. Berton, imagination vive et facilement impressionnable, ajouta foi à ces assurances, et s'abandonna avec une sorte d'enivrement à l'espoir qu'on éveillait en lui.

Grandménil lui avait parlé d'un sous-officier nommé Wœlfel, comme d'un homme énergique et propre à diriger un mouvement militaire ; le général manifesta aussitôt le désir d'être mis en rapport avec lui. Grandménil se chargea de ménager les entrevues. D'abord Berton ne s'y rendit que sous un nom supposé. Wœlfel se trouvait seul au rendez-vous ; mais bientôt il fit entendre au général qu'il était nécessaire que plusieurs de ses camarades l'accompagnassent, et Berton y consentit. L'entrevue fut fixée à quelques jours de là, dans une maison de campagne isolée, où les quatre cavaliers devaient se rendre déguisés en chasseurs.

— Pendant que vous chasserez, dit Berton à

Wœlfel, moi, je pêcherai, et je veux vous faire manger du poisson pris et apprêté par moi.

Au jour et à l'heure convenus, les sous-officiers arrivent en effet avec leurs fusils de chasse. Wœlfel entre, pendant que le général, fidèle à sa promesse, tenait lui-même, sur le feu, la poêle où cuisait la matelote.

— Par Dieu ! s'écria Berton en les voyant entrer, vous me trouvez en besogne, et m'en ferez compliment.

Wœlfel court à lui et l'embrasse; aussitôt les trois sous-officiers qui l'accompagnent arment leurs fusils et couchent en joue le général. Wœlfel se recule de quelques pas, puis, épaulant son fusil :

— Vous êtes mon prisonnier, lui dit-il, mon général, je vous arrête !

D'abord Berton veut rire de la plaisanterie; mais, à ce moment, un coup de feu se fait entendre à la porte de la maison. C'était un des sous-officiers qui assassinait lâchement, à bout portant et sans autre motif que le plaisir de se débarrasser d'un visiteur incommode, un propriétaire des environs, qui accourait au rendez-vous convenu.

Il n'était pas possible de se faire illusion : Berton ne chercha pas à se défendre, et, sans adresser à Wœlfel et à ses compagnons la moindre parole de mépris ou de reproche pour leur trahison, il se constitua prisonnier. L'hôte de Berton et un nommé Baudrillet, son ami, furent saisis et garrottés. Puis, quand toutes choses eurent été réglées, on se mit en marche pour Saumur, d'où le malheureux général fut transféré à Poitiers.

Le résultat du procès de Colmar était encore trop récent, et le ministère en avait ressenti une trop pénible impression pour qu'il ne cherchât pas, par tous les moyens, à éviter un nouvel échec. M. Maugin, procureur général près la cour de Poitiers, fut choisi pour soutenir l'accusation, et l'histoire doit lui rendre cette justice, qu'il s'acquitta de cette charge de manière à satisfaire les espérances du ministère. Le réquisitoire qu'il prononça dans cette circonstance est bien plutôt dirigé contre certains députés que contre les coupables qu'on avait devant soi. M. Maugin affirmait, en effet, que ces soulèvements qui venaient d'éclater sur deux points si opposés de la France, partaient tous les deux d'un centre commun, et qu'ils étaient fomentés par un *comité directeur* établi à Paris, et dont les chefs étaient les généraux La Fayette et Foy, les députés Benjamin Constant, Voyer-d'Argenson, Kératry, Laffitte et Manuel.

De la part du procureur général il y avait une singulière audace, il faut en convenir, et il fallait être bien sûr de ses appuis pour oser ainsi, en pleine cour, accuser des absents et désigner à la vengeance du gouvernement des élus de la nation, des députés contre lesquels, après tout, on n'avait aucune preuve.

« Mais, ajoutait M. Maugin, pourquoi, nous dit-on, ne pas déférer aux tribunaux les membres du gouvernement provisoire ? Vous faites trop ou trop peu. A cela je puis faire plus d'une réponse. Les preuves morales abondent pour attester cette complicité, les preuves matérielles nous manquent. Pourquoi ? Ce n'est point parce que les instigateurs du complot sont innocents, mais parce qu'ils se cachent derrière leurs séides, parce qu'ils s'enveloppent du mystère, parce qu'ils ne correspondent que verbalement. »

Cette argumentation était vraiment bien commode, et avec ce principe le ministère public pouvait impunément et de gaieté de cœur déverser la calomnie sur les réputations les plus intactes ! Du reste, on peut l'avouer sans passion, le réquisitoire de M. le procureur Maugin, pour la forme et pour le fond, est au-dessous de la plus vulgaire médiocrité ; n'était la haine aveugle qui l'inspire, c'est la platitude même et le terre-à-terre, en comparant cette pièce, qui eut beaucoup de succès à l'époque, avec les morceaux d'éloquence que, de nos jours, nous sommes habitués à demander aux parquets, on doit convenir que nous sommes en progrès.

Pendant les débats du procès, la cour d'assises offrait le plus singulier aspect. On n'avait laissé pénétrer dans la salle que les accusés, les magistrats, les jurés et les témoins. L'espace réservé au public était désert; on n'y laissait entrer que quelques personnes choisies. L'affaire se poursuivait donc, pour ainsi dire, à huis-clos. Wœlfel était là, assistant, presqu'en simple spectateur, aux péripéties du drame. En récompense de ses services, il venait d'obtenir le grade d'officier.

La plupart des accusés conservèrent, tout le temps, une attitude noble et résignée. Berton était un homme qui ne savait pas mentir, ou qui mentait mal; son intelligence n'égalait pas son civisme ni sa force d'âme; mais il ne cessa de montrer la plus grande fermeté. Caffé, le second accusé, était un homme simple et d'une figure pleine de bonté; médecin bienfaisant autant qu'éclairé, il était chéri de tout le pays qu'il habitait. Le troisième, Saugé, petit homme de cinquante à soixante ans, paraissait s'occuper peu de ce qui se passait autour de lui, et ne rien comprendre aux passions de l'audience.

On peut concevoir avec quelle impatience le public, à Poitiers, à Paris, dans toute la France, attendait le résultat des débats engagés devant la cour d'assises de la Haute-Vienne : les uns comptaient presque sur un acquittement comme à Béfort; les autres tremblaient aux paroles audacieuses du procureur général : du moment qu'on osait s'attaquer à des députés en possession de l'estime générale, pensaient-ils, on avait le dessein arrêté d'être implacable pour les accusés en ce moment sur les bancs.

Enfin les plaidoiries se terminèrent et la cour rendit son arrêt. Berton, Caffé, Saugé et Jaglin étaient condamnés à la peine de mort : le colonel Alix, les médecins Riques, Ledein et Fradin en furent quittes pour la prison; d'autres allèrent rejoindre Guinaud, qui était déjà au Mont-Saint-Michel; d'autres encore furent transférés à Limoges.

M. Maugin, le procureur général, fut nommé, lui, conseiller à la Cour de cassation.

Chacun avait son lot.

Berton n'avait pas voulu se pourvoir en cassation; le jour venu, il marcha au supplice avec un courage vraiment stoïque; Caffé s'était ouvert l'artère crurale avec un canif la veille du jour où il devait être conduit à l'échafaud; Saugé mourut en criant : *Vive la République!* Jaglin, soutenu par de tels exemples, demeura ferme jusqu'au dernier moment.

Berton avait été exécuté à Poitiers; Saugé et Jaglin le furent à Thouars.

C'est ainsi que la Restauration semait sa route de fautes, et laissait après elle une longue trace de sang.

La trahison qui avait livré Berton avait été trop généreusement payée pour que certains hommes abjects ne cherchassent pas à imiter l'exemple de Wœlfel. Cet homme jouissait en paix de sa lâche action; il se faisait gloire de l'épaulette ainsi gagnée. Ce spectacle, s'il soulevait l'indignation de quelques cœurs généreux, devait faire naître l'ambition chez quelques autres. Les magistrats aussi n'étaient pas éloignés de jalouser M. Maugin ou d'essayer à marcher sur ses traces : que fallait-il pour arriver? un bon procès politique et des protestations faciles de dévouement à l'ordre de choses. Chacun désormais aspirait à juger quelque retentissante conspiration. A défaut, voici ce qu'on imagina :

Il y avait alors à Colmar un ancien lieutenant-colonel de dragons, nommé Caron, lequel avait figuré déjà dans une affaire de conspiration antérieurement portée devant la Chambre des pairs. Caron avait été acquitté. Son arrestation, paraît-il, et l'emprisonnement qui en avait été la conséquence, ne l'avaient pas rendu plus circonspect, car, lors du procès du colonel Pailhès, il ne craignit pas d'aller voir, à plusieurs reprises, son compagnon d'armes dans la prison, et conçut le hardi projet de le délivrer, lui et ses coaccusés.

Il fit part de ce projet à un sergent-major d'infanterie, qui, dans l'intérêt de son avancement, se hâta d'aller révéler ce projet à l'un de ses chefs. Celui-ci, dans un intérêt identique, l'engagea à promettre appui à Caron et à se lier en outre avec d'autres sous-officiers, afin d'arriver à connaître les instigateurs, s'il y en avait, du dessein révélé par Caron.

Le 20 juillet, à cinq heures du soir, les villes de Colmar et de Neufbrisach étaient tout à coup jetées dans la plus grande perplexité. Les soldats de la garnison étaient subitement sortis de leur caserne, sous la conduite des maréchaux-de-logis; tout semblait annoncer une désertion à force ouverte. Dès qu'il est informé d'un mouvement si déclaré, Caron se fait reconnaître de l'escadron de Colmar, revêt son uniforme de colonel, et donne à la troupe qui va marcher sous ses ordres, pour mot de ralliement, le cri de *Vive l'Empereur!* qu'il profère avec enthousiasme, et que les soldats répètent avec chaleur, en y ajoutant le cri de *Vive le colonel Caron!*

Tout se passe de la même manière pour l'escadron sorti de Neufbrisach; Roger, ami de Caron, comme lui ancien militaire, et alors maître d'équitation à Colmar, était venu se mettre à sa tête.

Le colonel Caron est le chef commun des deux troupes. On est convenu de marcher la nuit, afin d'arriver à Mulhouse au matin, et sur la route on se flatte de rencontrer d'autres conjurés.

Les bourgs et les nombreux villages qu'on traverse sont réveillés par le cri de *Vive l'Empereur!* S'agit-il de refaire les Cent Jours? chacun se le demande avec stupeur.

Dans le trajet on fit des haltes. Caron vida la coupe de la liberté et de la fraternité avec ceux qui le conduisaient au supplice. Ces libations bachiques se passèrent-elles sans les cris, les menaces, les serments que profère d'ordinaire une troupe en révolte? Nous ne saurions le dire. Quoi qu'il en soit, on eut la confusion de ne rencontrer aucun autre conjuré, aucun autre coupable que ceux qu'on avait entre les mains. Après une longue et inutile recherche, les officiers déguisés se démasquent enfin, mettent en arrestation les deux chefs qu'un moment avant ils ont placés à leur tête, les dépouillent de leurs armes, de leur uniforme, et les garrottent. Puis, le matin venu, on se remet en route, et l'on revient aux lieux où en passant l'on a semé l'épouvante.

A Mulhouse, une profonde stupeur s'empara de tous les esprits, pour faire bientôt place à l'indignation la plus éclatante. Les honnêtes Alsaciens ne pouvaient se faire à l'idée d'une pareille trahison. Deux cent cinquante habitants signèrent une pétition où les faits étaient relatés tels qu'ils s'étaient passés, et dont les termes, par leur exagération même, peignaient bien l'état des esprits.

Lorsque la nouvelle de ce guet-apens arriva à Paris, quelques députés protestèrent courageusement contre l'odieuse machination. — « Quand j'ai lu dans un journal, s'écria le général Foy, que Caron et Roger allaient être traduits comme embaucheurs devant un conseil de guerre, j'ai cru qu'il y avait erreur de la part du journaliste, et qu'on allait, au contraire, y traduire ceux qui; au cri de *Vive l'Empereur!* avaient embauché Caron et Roger ! »

Mais qu'importaient au gouvernement ces protestations et ces accusations parties de la tribune? sûr de la majorité, il mettait sa gloire à les braver.

En vertu d'un arrêt de la Cour de cassation, un conseil de guerre fut saisi de l'affaire et procéda avec la plus grande célérité. Caron ne fut pas écouté, il fut à peine entendu; c'est en vain qu'il prouva avoir été provoqué bien plus que provocateur, le conseil de guerre de Strasbourg devant lequel il avait été renvoyé, le condamna à mort, jugement qui fut bientôt après confirmé par le conseil de révision.

Cette sentence, si sévère en regard des circonstances que nous venons de rappeler, le public se refusait à croire qu'elle recevrait son exécution; on espérait que le roi userait du droit de faire grâce. Un ordre, transmis par le télégraphe, coupa court à toute supposition : Caron fut fusillé dans les vingt-quatre heures. Son courage ne l'abandonna pas, et ce fut lui-même qui commanda le feu.

Roger avait été absous; arrêté plus tard pour un autre délit politique et condamné à mort par la cour d'assises de la Moselle, sa peine fut commuée en vingt années de travaux forcés.

Qu'espérait donc la Restauration en suscitant la trahison, en décimant ainsi les rangs de ses ennemis? Espérait-elle inspirer une terreur salutaire à ceux qui conspiraient dans l'ombre, et mettre fin, de cette sanglante façon, aux complots qui se succédaient?...... Eh! ne sait-on pas que le martyre exalte et n'épouvante pas, que le sang des victimes féconde le sol sur lequel il tombe, et que la tyrannie enfante des héros!...

Il fallait que les hommes qui gouvernaient la France fussent bien aveugles pour ne point s'apercevoir du malheureux effet de leur sévérité. Mais leurs amis chantaient autour d'eux un concert de louanges; les murmures des mécontents, les menaces de leurs ennemis n'arrivaient point jusqu'à eux. Les sanglantes vengeances de la Révolution française, les longs malheurs de l'émigration n'avaient pas corrigé ces hommes incorrigibles; on eût dit qu'ils prenaient à tâche d'exalter les passions populaires, et qu'oubliant tout à coup ce qui s'était accompli et les douloureux spectacles auxquels ils avaient assisté, ils n'avaient plus qu'une seule pensée, qu'un seul désir, venger le passé!...

Tous ces complots, éclatant sur des points différents, étaient loin, toutefois, de rassurer le gouvernement; il s'évertuait à supposer des chefs haut placés à cette vaste et puissante association, qui, sous le titre de *Charbonnerie*, se répandait dans toutes les provinces, et il s'ingéniait ensuite à les découvrir, à les prendre la main dans le sac. Mais cette association elle-même, était-il bien sûr de la connaître? A propos des affaires de Colmar, de Saumur, de Nantes, les procureurs généraux chargés de soutenir l'accusation étaient entrés dans des détails circonstanciés relativement aux cérémonies en usage dans l'association. Le procureur général à Rennes s'exprimait ainsi.

« Un complot a été découvert dans les premiers jours du mois de février. Ce complot se rattache à une vaste conspiration que l'on a représentée comme embrassant dans ses ramifications un grand nombre de villes, et qui a pour but avoué la conquête ou le maintien de la liberté. Le principal moyen pour arriver à ce résultat est le renversement du gouvernement du roi et de toutes les autorités constituées par lui.

« Pour assurer les progrès, le secret et le succès de ses opérations, cette conspiration,

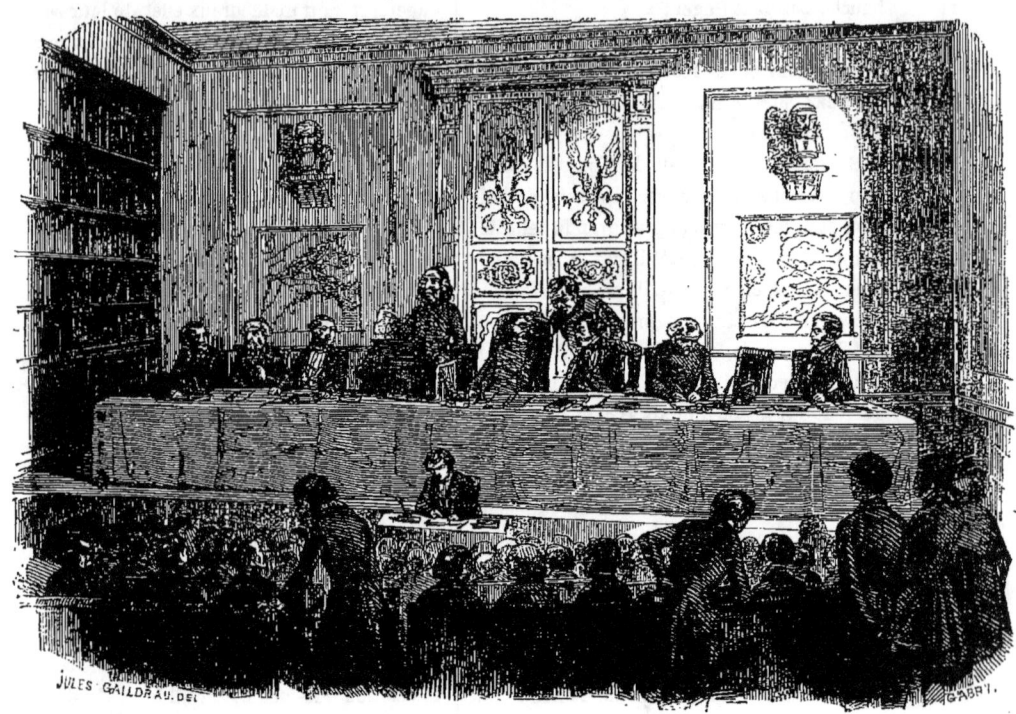

Une Vente.

sous le nom de Carbonari, a pris les formes d'une association mystérieuse, composée de grades ou de fonctions hiérarchiques, et d'un grand nombre de cercles particuliers, qui, s'ignorant réciproquement, aboutissent à un cercle principal, et correspondent par l'intermédiaire de ce dernier à un cercle supérieur et suprême, dont le siége est à Paris, et qui donne l'impulsion à tous les autres cercles.

« Un serment redoutable, et à l'observation duquel on s'engage sous peine de mort, lie entre eux les conjurés et leur impose diverses obligations. Pour fortifier encore ce serment, pour en assurer l'effet, et peut-être aussi pour inspirer une sorte de sécurité aux nouveaux adeptes que l'on affilie à l'association, on affecte de leur dire qu'elle a une police plus forte, plus active, plus étendue que celle du gouvernement du roi, et qui, en conséquence, paralyse, quant à eux, l'effet de cette dernière. Des signes de reconnaissance donnent aux affiliés les moyens de se reconnaître au besoin. Le plus usuel, celui par l'attouchement des mains, se fait de manière à ce qu'en se prenant les mains droites, les deux pouces forment un N. Cet emblème, fort intelligible, manifeste suffisamment quelle autorité les conjurés voudraient substituer à l'autorité légitime, et quel est le genre de liberté qu'ils regrettent et qu'ils désirent reconquérir. Le mot d'ordre est *honneur et vertu*. Le mot de ralliement est *probité*, dont chacune des personnes qui veulent se reconnaître prononce alternativement une syllabe.

« Des commissaires, choisis dans l'association, voyagent pour établir une correspondance sûre entre les différents cercles; leur présence a, en outre, pour effet de faire concevoir aux nouveaux initiés une haute idée des forces et des moyens de la conspiration. Ce sont principalement les officiers inférieurs et les sous-officiers que l'on s'attache à séduire. Des espérances d'avancement rapide sont données, des promesses d'argent sont faites et souvent réalisées pour les entraîner dans la conspiration. Ce moyen est considéré comme le plus propre à opérer la défection de l'armée par l'influence que la position des sous-officiers les met à même d'exercer sur les soldats... etc. »

Dans l'affaire de Colmar, le procureur général avait soutenu la même thèse.

« Il existe en France, disait-il, des sociétés connues sous le nom de *Charbonnières*, dans lesquelles se trament des complots contre l'État. Il est démontré qu'elles partent toutes d'un même centre. C'est à elles que nous devons les complots de Saumur, de Nantes et de Béfort. Les sociétés maçonniques n'ont sans doute en elles-mêmes rien de blâmable, quand elles se bornent au but de leur institution; mais elles peuvent, soit par elles-mêmes, soit par des comités, s'occuper d'objets qui ne seraient pas étrangers à la politique. Au surplus, les sociétés secrètes, du genre de celles que nous signalons, tendent à nous ramener le régime impérial, Napoléon II, et, à leur suite, le despotisme dont nous sommes heureusement délivrés. Ces sociétés constituent une conspiration permanente dans l'État. Ceux qui en font partie ont, sous le nom de *Carbonari*, dévoilé, en Italie et dans le Piémont, leurs coupables projets. Leurs règlements, saisis en France, prouvent qu'il y a, chez les uns comme chez les autres, uniformité de tendances et de vues.

« C'est à Paris qu'existe leur comité directeur; c'est de là que partent toutes les instructions, tous les ordres: c'est lui que les conjurés appellent le gouvernement provisoire, et qui fomente les provocations à la révolte; aussi éclatent-elles à des époques très-rapprochées sur tous les points. Le complot ne se dénote-t-il pas encore par les voyages multipliés et mystérieux de plusieurs des conjurés? Ces voyages, d'après les statuts des Carbonari, n'auraient d'autre but que d'établir les communications des ventes particulières aux ventes centrales, et de celles-ci à la vente supérieure. L'explication n'est pas sérieuse. »

Il poursuivait ainsi : « Le serment des affiliés était conçu en ces termes :

« Je jure de tenir, avant toutes choses, à
« la liberté; d'affronter la mort en toutes
« les occasions pour les Carbonari; d'aban-
« donner, au premier signal, les frères de
« mon propre sang, pour aider et secourir
« mes frères *les Carbonari*. »

« Quant à leur but, il était celui de tous les pays, renverser la dynastie.

« Cette vaste conspiration se compose d'un comité directeur, ou *vente suprême*, qui a trois ministres chargés de faire exécuter ponctuellement tous ses ordres. Au-dessous de cette vente suprême, l'association se divise en plusieurs degrés de petites réunions de huit à vingt membres, absolument inconnus les uns aux autres. Ces degrés de réunions, ces vassales de la *vente suprême*, sont au nombre de trois principaux: les hautes ventes, qui sont immédiatement au-dessous de la vente suprême; les ventes centrales, les ventes particulières. Chaque vente particulière envoie à la vente centrale un député, et celle-ci en envoie un à la haute vente. C'est par ces commissaires, liés par leur serment, sous peine de mort, à ne jamais révéler à leur propre vente rien de ce qui touche aux personnes dont est composée la vente suprême, que, de vente en vente, les ordres de la vente suprême arrivent aux derniers rangs des *Carbonari*. Cette société n'écrit jamais, et fait connaître ses ordres verbalement par des commissaires qui vont d'un lieu à un autre. »

Mais il est temps d'arriver au procès des quatre sergents de la Rochelle dont les épisodes que nous venons de rapporter forment la préface naturelle.

Le 45e régiment de ligne avait été formé, en 1816, de soldats sortis de l'armée de la Loire et d'engagés volontaires. Il contenait un certain nombre d'anciens sous-officiers de l'Empire que le gouvernement royal n'avait pas maintenus dans leur grade. Les officiers supérieurs, pour la plupart, sortaient des rangs de l'émigration. Le marquis de Toustain, émigré lui-même, en était le colonel.

Avec des origines aussi différentes, officiers et soldats étaient loin d'être animés du même esprit politique ; les soldats restaient imbus des idées de la Révolution et de l'Empire, alors que les officiers se croyaient revenus au bon temps d'avant 1789.

Une première fois le 45e avait tenu garnison à Paris ; mais le peu de zèle royaliste dont il avait fait preuve lors d'une revue n'avait pas tardé à le faire éloigner pour le confiner en province. L'influence du colonel, fort bien en cour, et qui préférait le séjour de Paris à celui d'une petite ville, avait fait oublier cette mauvaise note, et le régiment avait été ramené, après quelques mois d'exil, dans la capitale.

Les deux bataillons avaient été casernés, l'un, rue du Foin-St-Jacques, l'autre, rue Saint-Jean-de-Beauvais, c'est-à-dire près du quartier des Ecoles. A la faveur de ce voisinage, des relations s'établirent bientôt entre soldats et étudiants ; un élève en médecine avait ainsi retrouvé, au sein du 45e de ligne, un de ses anciens condisciples, le sergent-major Bories.

Bories était né à Villefranche, département de l'Aveyron, il avait vingt-cinq ans ; esprit sérieux, il s'était de bonne heure nourri de la lecture des *Annales de la République française*. Bien fait, intelligent, il n'avait du militaire que la valeur et la franchise, sans aucun des défauts qu'engendre l'oisiveté des casernes. Ses mœurs étaient pures, ses goûts simples, sa vie retirée. La plus grande partie de son temps était consacrée à l'étude. D'ailleurs, exempt d'ambition, son vœu le plus ardent était de mourir le jour même de la victoire du peuple; dans sa simplicité il s'étonnait de la proposition que lui faisait un coreligionnaire politique de le conduire chez le général La Fayette. Rien de plus triste, selon lui, et de plus déplorable que l'oppression du peuple par l'armée.

L'ancien camarade de Bories était franc-maçon; Bories fut bientôt initié à la maçonnerie. Plus tard on lui fit entrevoir une initiation plus sérieuse, plus mystérieuse, qui s'accordait avec la tournure de son esprit, et quelque temps après Bories était admis dans le carbonarisme. Sous l'inspiration du zèle ardent d'un néophyte, il chercha autour de lui des prosélytes, et s'adressa tout d'abord à ses compagnons d'armes. En peu de jours il eut recruté dans son régiment trois sergents-majors : Pommier, Labouré et Castelli, quatre sergents : Goubin, Cochet, Hue, Barlet, et trois caporaux.

Goubin, à son tour, avait initié le sergent Raoulx.

Au milieu de décembre 1821, la plupart

des sous-officiers du 45ᵉ appartenaient donc au Carbonarisme.

Les sous-officiers étant initiés, il ne paraissait pas utile que les soldats le fussent ; il n'était pas douteux, en effet, qu'à l'occasion ceux-ci ne marchassent avec leurs chefs immédiats. Un incident vint le démontrer suffisamment. Une nuit, on bat tout à coup la générale aux environs de la caserne. Le sergent Goubin, qui l'entend, suppose que c'est le signal dont il lui a été parlé. Il réveille en hâte ses soldats, leur fait charger les armes, puis descend avec eux dans la cour de la caserne. Là il apprend que le tambour annonce seulement un incendie à la manufacture des Gobelins. Tout désappointé, il fait remettre au râtelier les armes, après en avoir enlevé les cartouches. Les hommes obéissent sans mot dire ; évidemment ils ont compris, évidemment ils sont avec leurs sous-officiers ; car pas un ne parle ouvertement de l'incident, et les officiers ignorent et ignoreront le fait anormal qui vient de se passer.

Toutefois, l'autorité, sans rien savoir de précis, ne s'endormait pas dans une quiétude parfaite à l'égard de l'armée. Elle avait organisé une police militaire dont les agents surveillaient l'esprit de la troupe. Un de ces agents, sergent-major au 45ᵉ, lassé de ne rien découvrir qui pût lui procurer avancement ou argent, conçut un jour la pensée d'organiser lui-même une tentative d'embauchage dont il serait en même temps le révélateur. Il s'entendit pour cela avec deux autres agents de la police, un sergent-major comme lui et un sergent ; tous trois, unis dans la même pensée, allèrent trouver le colonel et lui confièrent que des conspirateurs les circonvenaient, qui voulaient les faire entrer dans un complot contre la vie du roi. Rendez-vous, disaient-ils, leur avait été donné aux Champs-Elysées pour aviser aux moyens à prendre. Le marquis de Toustain voit là une excellente occasion de faire éclater son zèle, il loue les trois complices de leur démarche et les autorise à pousser jusqu'au bout l'entreprise : à cet effet il met à leur disposition vingt hommes et recommande sur le tout un secret absolu. A onze heures du soir les portes de la caserne s'ouvrent devant le détachement, qui se dirige sur les Champs-Elysées.

Arrivés au lieu du rendez-vous, les trois sous-officiers cachent leur monde en dissimulant chaque homme derrière un des arbres de la promenade ; le mot d'ordre qu'on donne à chacun est d'accourir au cri de *Vive le roi!* Les sous-officiers s'éloignent ensuite. Quelques instants après un coup de feu retentit, suivi du cri de *Vive le roi!* Les soldats quittent alors leur poste d'observation et se dirigent du côté où ils ont entendu le bruit. Ils trouvent leurs chefs courant çà et là, très-échauffés, à la poursuite d'un ennemi qu'ils n'ont pu saisir ; eux-mêmes sont impuissants à le découvrir.

Il va sans dire qu'on ne trouva personne. Le détachement rentra à la caserne, rapportant comme preuve d'une lutte à main armée le shako percé d'une balle du sergent-major auteur de la révélation.

Le lendemain, le marquis de Toustain, tout glorieux, adressa au ministre de la guerre un rapport circonstancié de ce qui s'était passé cette nuit-là aux Champs-Elysées.

Cependant les soldats, qui n'étaient pour rien dans cette petite comédie, ont raconté la singulière expédition à laquelle ils ont pris part ; ils ont parlé du shako du sergent-major : chacun veut le voir, Bories comme les autres. Après l'avoir tourné et retourné, il dit à son collègue : « Mais savez-vous qu'il est bien heureux pour vous que vous ne l'ayez pas eu sur la tête ? la balle vous eût percé le crâne. » Et en effet, après vérification, la fraude était avérée et le héros de l'aventure honteusement bafoué.

Le général Defrance, commandant la division, informé de la ridicule expédition, en fit, en termes assez vifs, reproche au colonel ; on dit même qu'il lui infligea quelques jours d'arrêts ; quant aux trois agents provocateurs, ils furent envoyés dans un autre régiment.

Bien qu'elle n'eût pas été ébruitée, cette échauffourée avait cependant jeté une certaine défaveur sur le régiment, et on crut devoir lui faire quitter Paris.

Ce brusque départ était un contre-temps pour la Charbonnerie, l'initiation du régiment étant encore imparfaite. Toutefois, le comité directeur résolut d'utiliser les intelligences qu'il y avait nouées en faveur du mouvement que le général Berton préparait alors et que nous avons rapporté plus haut.

Bories reçut, en conséquence, de la vente centrale l'ordre de réunir avant son départ les hommes qui lui paraissaient le plus sûrs, et d'échauffer leur zèle en leur dévoilant le but de l'association. Heureux d'obéir à cette invitation, Bories rassembla les membres de sa vente chez un marchand de vins de la rue de la Montagne-Sainte-Geneviève, à l'enseigne du *Roi Clovis*. Là, un frugal déjeuner avait été préparé, où les sous-officiers du 45° s'assirent fraternellement. Trois députés de la vente centrale y prirent part. Hénon, l'un d'eux, ancien militaire, et maître de pension dans le quartier Mouffetard, prononça, à la fin de la collation, un discours dans lequel, après avoir rappelé et exalté la gloire des armées de la République française, il exprimait l'espoir que l'armée de la France nouvelle ne serait pas inférieure à ses aînées. Il ajouta que les temps étaient proches, et qu'à tout moment il fallait se tenir prêt à répondre à l'appel de la Révolution libératrice.

En se séparant, les députés de la vente centrale remirent à Bories des poignards et une somme d'argent pour être distribuée parmi ses hommes. Un des affiliés, Lefèvre, blâma cette distribution. Bories n'en tint pas compte ; les perspectives qui s'ouvraient à ses yeux l'enivraient : un des membres de la vente centrale l'avait présenté au président du comité directeur ; à cette occasion il avait reçu des cartes et des signes de reconnaissance au moyen desquels il pouvait à l'avenir correspondre avec les ventes de différents grades. Quelque modeste que fût le sous-officier, ces rapports avec des personnages, la confiance qu'ils lui montraient le grisaient un peu.

Après avoir quitté Paris, le bataillon dont faisaient partie Bories et la plupart des adhérents à la vente militaire, arriva à Orléans en route pour la Rochelle. La veille de son passage une collision avait éclaté entre les soldats du premier bataillon et les Suisses tenant garnison dans la ville. Des luttes de cette espèce n'étaient pas rares à cette époque. Prévenu de cet incident, Bories réunit à l'auberge de *la Fleur de lys* ses camarades initiés et leur recommanda une réserve absolue et la plus extrême prudence devant des provocations qui pouvaient se renouveler. « Ne vous compromettez pas, leur avait-il dit, sans rime ni raison, on aura bientôt besoin de nous pour des choses sérieuses, réservez-vous pour ce moment-là. Le lendemain, à peine Bories, avec un autre sergent et le fusilier Lefèvre, s'installait dans un café, qu'un sergent du 7° Suisses, s'approchant un verre à la main, lui disait : « Sergent-major, il faut trinquer avec nous. » Pressentant un conflit, celui-ci avait voulu s'esquiver. Mais le Suisse lui barrait la porte, et réitérait son invitation, lui mettant le verre sous le nez. Lassé de cette insistance, Bories avait repoussé le verre; le Suisse lui en avait envoyé le contenu au visage. « Sortons ! » s'écrie Bories se contenant à peine. On fait quelques pas dehors, comme pour se rendre sur le terrain ; mais bientôt Bories et les siens sont entourés par des soldats suisses qui s'efforcent de les entraîner au corps de garde. Une rixe s'engage ; quelques soldats du 45e et des habitants surviennent et vont dégager les sous-officiers. Mais le poste suisse le plus voisin est prévenu, vingt hommes en sortent au pas de course et chargent les Français. Accablés sous le nombre, Bories et Lefèvre sont emmenés, l'un blessé de deux coups de baïonnette au-dessous des yeux, le second légèrement atteint au front.

Signalé comme le principal auteur du désordre, Bories est rendu le soir au colonel de Toustain, qui, sans l'entendre, le fait conduire à la garde du camp.

Cependant le premier bataillon, quittant l'étape d'Orléans, était arrivé à Amboise. Là, Bories, souffrant de ses blessures et toujours minutieusement surveillé, parvint pourtant à donner ses instructions à Lefèvre. Il s'agissait d'abord de prévenir les affiliés du deuxième bataillon, puis de se rendre auprès d'envoyés de la haute vente de Paris qui apportaient, disait-on, l'ordre d'appuyer le mouvement du général Berton.

Après l'appel du soir, et sur les indications de Bories, Lefèvre se rendit à un certain endroit de la route de Chinon. Là se tenait une sorte de paysan deux chevaux de selle en main, qui, à l'aspect de Lefèvre, déploya une moitié de foulard. Lefèvre aussitôt montra l'ordre, le paysan fit signe alors qu'un des chevaux était à la disposition du survenant, puis, chacun d'eux, sans mot dire, enfourcha un des coursiers et on partit.

Après plus de deux heures de marche, on s'arrêta devant une maison de belle apparence. Le paysan mit pied à terre, fit signe à Lefèvre de l'imiter, échangea un mot de passe avec l'homme qui était venu ouvrir et entra. Lefèvre, à son tour, fut introduit dans une pièce imparfaitement éclairée, à la lueur d'une seule bougie. Là, un jeune homme, à l'allure militaire, reçut Lefèvre ; après quelques préambules, il lui apprit que le mouvement qui devait éclater à Saumur était retardé par des obstacles imprévus, mais qu'il fallait se tenir prêt à tout événement en évitant, surtout, d'attirer l'attention de l'autorité par des imprudences. Après avoir reçu cette communication, Lefèvre repartit de la même façon qu'il était venu et, à trois heures du matin, il était de retour à Sainte-Maure sans avoir pu tirer de son compagnon une seule parole.

Après un repos de quelques jours, le premier bataillon s'était remis en marche et avait atteint successivement Tours, Châtellerault, Poitiers. Dans cette dernière ville, Bories n'avait pas, comme dans les autres lieux d'étapes, été enfermé dans la prison du corps de garde, il avait reçu un billet de logement, qui l'adressait chez un ancien officier. Ne pensait-on plus à l'affaire d'Orléans ? Loin de là, on avait, au contraire, les yeux de plus en plus fixés sur lui, et ce billet de logement était un piège tendu à son inexpérience. Il ne sut pas en effet user de réserve vis à vis de son hôte ; avec un ancien officier il crut pouvoir épancher son cœur, il parla de ses espérances, des dispositions du régiment, d'une occasion prochaine où elles pourraient éclater en liberté. Or cet officier n'était autre qu'un correspondant de la police de Paris, et c'était à dessein que le colonel avait dirigé Bories chez lui.

À Niort, de nouvelles imprudences avaient été commises ; un dîner avait été offert aux sous-officiers dans un café où se réunissaient d'habitude les libéraux de la ville, et qui, à ce titre, était incessamment sous l'œil de la police. On s'était échauffé, et des toasts compromettants y avaient été portés, dont prenait note un invisible et implacable parti.

A peine était-il arrivé à la Rochelle, que Bories fut arrêté et conduit, non pas à la prison de la caserne, mais à la prison de ville. La mesure était grave, puisque l'officier commandant de la place avait seul pouvoir pour la prendre ; il devait donc s'agir pour Bories de quelque chose de plus sérieux que la rixe d'Orléans, et tous les sous-officiers du 45° sentirent s'éveiller chez eux l'inquiétude.

Leurs pressentiments ne les trompaient pas. La police de Niort, en effet, n'avait pas manqué de faire connaître au général de Malartic, commandant le département des Deux-Sèvres, les propos tenus au café : c'était le rapport des agents, transmis au commandant de la division militaire et rapproché des confidences faites à Poitiers par Bories, qui motivait son incarcération à la Rochelle.

Cette arrestation, qui avait frappé de stupeur les affiliés du 45°, parut inquiéter plus vivement encore le trop imprudent Bories. Hâtons-nous de dire que ses alarmes n'avaient pas tant pour objet sa sécurité personnelle que le succès même de la conspiration dont il était un des rouages. « Il faut à toute force, dit-il à Pommier, à Goubin et aux autres camarades qui parvinrent dans la journée à pénétrer auprès de lui, que j'aie une heure de liberté, afin de faire disparaître une malle qui peut nous perdre tous et compromettre un officier du régiment. » L'officier dont il entendait parler était le capitaine Massias, ancien officier de l'Empire. Jamais le capitaine n'avait assisté aux réunions de la vente militaire, et cependant les affiliés se disaient entre eux qu'au premier signal venu de Paris il marcherait à leur tête. C'était auprès de lui que Bories, en compagnie de Goubin, avait fait précédemment une démarche sans caractère bien déterminé,

et c'était à lui qu'à Sainte-Maure il avait chargé Goubin d'adresser cette question : « Y a-t-il quelque chose de nouveau à Paris ? » A quoi Massias avait répondu, d'un ton indifférent : Je n'ai rien reçu, mais j'attends tous les jours une estafette. C'était tout ; mais s'en était assez, paraît-il, pour révéler un mystérieux affilié, le chef naturel et tout trouvé pour un coup de main.

Donc il s'agissait de procurer à Bories une heure de liberté, non-seulement, dans la pensée des conjurés, pour faire disparaître des objets compromettants, mais pour concerter quelque chose avec le capitaine. Dans ce dessein la veuve du concierge de la maison d'arrêt fut circonvenue et gagnée, on ne sait comment, à la cause de Bories. Sur sa prière elle consentit à le laisser sortir pendant une heure, à la condition de ne pas le perdre de vue. Libre pour une heure, il s'empressa de voir secrètement le capitaine, fit mettre la malle en sûreté, puis, le cœur plus libre, rentra, comme autrefois Régulus, dans la prison dont il ne devait plus sortir.

A défaut de Bories, désormais empêché, il fut arrêté que Pommier servirait d'intermédiaire entre les affiliés civils et les militaires. C'était le porter de fait à la présidence active de la vente militaire. Caractère ardent, emporté, obstiné, un peu indiscret, Pommier s'empressa, pour se donner de l'importance, de se mettre en rapports avec les libéraux de la Rochelle. Outre une vente centrale civile de *Carbonari*, il y avait en effet dans cette ville des groupes indépendants, formant avec la vente une société politique très-remuante ; dont les traditions républicaines remontaient aux premières années du Directoire. A cette époque Moreau y avait formé une société secrète dite des *Philadelphes*, et c'est à la Rochelle qu'avait été tramée entre Bernadotte et Moreau, contre le premier Consul, la conspiration dite *du pot de beurre*. A ses éléments civils, la société républicaine de la Rochelle ajoutait en 1822 un élément militaire, dans la présence de deux bataillons d'infanterie coloniale cantonnés à l'île le Ré, et dont les sympathies étaient acquises à la révolution.

Tandis que Pommier pratiquait ses intelligences, deux coups de foudre vinrent frapper presque instantanément la conspiration de la Rochelle. Le matin du 21 février, le colonel de Toustain reçut du général Despinois l'ordre de faire transférer à Nantes le sergent-major Bories que le général voulait interroger lui-même. A la même heure la nouvelle se répandit en ville qu'un mouvement venait d'éclater à Saumur, et avait été aussitôt comprimé. Il s'agissait de la tentative du général Berton que nous avons racontée plus haut.

Etourdie de ces coups, la conspiration resta quelques jours comme anéantie, puis, ainsi qu'il arrive d'ordinaire, voyant qu'on n'était pas découvert, on reprit peu à peu confiance, et les entrevues entre civils et militaires recommencèrent comme par le passé. Une extrême prudence était néanmoins nécessaire, faisaient observer les chefs; on attendait, avant de rien tenter de décisif, l'arrivée d'un envoyé de la haute vente de Paris.

Quelque temps après l'envoyé était signalé, et Pommier informé qu'il pourrait le voir à Marans. Dans ce but il se rendit dans cette ville, à l'insu de ses camarades eux-mêmes, et y rencontra le député parisien. Celui-ci était chargé d'annoncer à la vente militaire un effort prochain; à tout prix il fallait une revanche de l'échec de Saumur; un général devait arriver dans peu de jours, qui prendrait le commandement des forces révolutionnaires de la Charente-Inférieure, et à son appel la France tout entière se lèverait en armes.

Cette entrevue et ce qui s'y était dit avaient entièrement reconforté Pommier. A son retour il fit savoir aux affiliés qu'il avait à leur communiquer quelque chose d'important, et à cet effet il leur indiqua un rendez-vous général pour le 11 mai à l'auberge du *Lion d'or*. Le *Lion d'or* était une sorte de guinguette située à un quart de lieue de la Rochelle, au petit village de Lafond. Goubin, Raoulx, Lefèvre firent des objections et contre le lieu choisi et contre la réunion elle-même; ils pensaient qu'il y avait danger à éveiller l'attention de l'autorité, qui se concentre si facilement sur un lieu public, quand surtout on pouvait communiquer les ordres autrement.

Malgré ces objections sensées, Pommier persista, et le 11 mars les membres de la vente militaire s'assemblèrent à l'endroit indiqué. Trois associés manquaient à l'appel, Cochet, Labouré et Perreton, qui déclaraient ne plus vouloir faire partie de la vente. Thomas et Lecoq étaient absents aussi, mais on expliqua que c'est parce qu'ils faisaient partie des compagnies envoyées pour traquer dans les bois les fugitifs de l'expédition avortée de Thouars et de Saumur. Pommier n'en annonça pas moins aux membres présents l'arrivée d'un membre du comité directeur et d'un général chargé de prendre le commandement de l'insurrection. — « Soyez sûrs d'une chose, ajouta-t-il, c'est que toute la France est prête à marcher. Au premier signal nous nous lèverons tous, et pas un officier ne pourra arriver au quartier : les bourgeois se chargent de leur barrer le passage. »

Aucun projet, toutefois, ne fut arrêté dans des termes plus précis. Et cependant, s'il se rencontra des pusillanimes, il y avait aussi parmi les assistants des exaltés. Un des nouveaux initiés, Goupillon, ne parla de rien moins que de mettre le feu aux casernes. Les plus sages, Raoulx, Goubin, haussèrent les épaules et firent écarter les propositions violentes. En somme, on se sépara, comme toujours, après avoir échangé des phrases et sans être plus avancé qu'auparavant. « Notre projet, a dit plus tard Lefèvre, n'était pas de faire soulever le régiment, mais de disposer les esprits à briser, quand le temps serait venu, le joug humiliant sous lequel on s'efforçait de courber l'armée. »

Le surlendemain de cette réunion, Goubin fut, sur l'ordre du colonel, mis à la salle de police ; c'était, supposait-on, la conséquence des imprudences commises au café à Niort.

Ce jour-là, commencèrent à arriver furtivement à la Rochelle quelques fugitifs de Thouars. Ce point de la côte offrait des facilités particulières pour un embarquement clandestin. Delon, que la cour d'assises de Tours venait de condamner à mort par contumace, y était attendu par le capitaine d'un navire de commerce en partance pour l'Espagne. Avant de s'embarquer, il vit Pommier ; triste, accusant Berton de l'insuccès de Saumur, Delon ne désespérait pourtant pas encore du succès final.

Le 14 mars, Pommier devait se rendre à une entrevue où se rencontreraient le général envoyé de Paris et le commissaire de la haute vente. Déguisé en paysan, un gros bâton à la main et feignant de boiter, il allait sortir du quartier après l'appel du soir, quand un adjudant, qui le reconnut sous ce déguisement, interpelle le faux paysan qui se met à fuir. L'adjudant lui donne la chasse, l'arrête bientôt et le consigne à la salle de police.

Ces arrestations successives et à si peu de jours d'intervalle, si elles ne signifiaient pas qu'on fût sur la trace du complot, indiquaient au moins, chez les chefs militaires, une préoccupation persistante. Goubin seul, avec Pommier, était accrédité près de la vente civile ; il importait qu'ils pussent lui faire part des incidents qui éveillaient leurs craintes, et prendre leur avis sur la situation. Goubin réussit à sortir de la maison d'arrêt par la complaisance de Bolsingre, qui remplissait les fonctions du concierge décédé. Sa mission accomplie, il revint. Raoulx et Lefèvre, le voyant reprendre sa place dans la prison, et tourmentés de sinistres pressentiments, lui dirent : — « Tu ferais mieux de filer. — Non, répondit Goubin ; la veuve du concierge et le vieux Bolsingre ont ma parole. Et, d'ailleurs, abandonnerions-nous tant de bons camarades qui se sont compromis avec nous ? — Tu as raison, après tout, et puis, au bout du fossé la culbute. »

Le lendemain, la présence de Pommier était nécessaire à Marans. Raoulx et Asnès prièrent le sergent de garde de laisser à leur camarade deux heures de liberté ; il s'agissait, dirent-ils, d'un rendez-vous galant : c'était là aussi l'explication que Pommier avait déjà donnée de son déguisement. Le sergent restant inflexible, Pommier dut se faire suppléer par Raoulx ; mais, dans son trouble, il oublia de lui remettre les cartes de reconnaissance.

Raoulx se présenta donc au rendez-vous de Marans ; mais le délégué de la haute vente, ne le voyant pas exhiber les signes convenus, pense qu'il peut avoir affaire à un traître et refuse de l'écouter. Informé du contretemps, Pommier se décide à tenter une évasion. Asnès, Bicheron, Raoulx lui prêteront leur aide. — « Il faut, dit Raoulx, que ce soit Goupillon qui s'empare des clefs ; je tiens à voir si ce garçon-là se compromettra carrément : ses allures me sont suspectes. »

Goupillon fit sans hésiter ce qu'on attendait de lui. Les clefs prises, Pommier courut à Marans remplir sa mission.

Goupillon, cependant, si partisan des violences, était un esprit faible, incapable de suite et de secret. Les arrestations successives qui venaient de frapper ses camarades redoublaient les angoisses que l'appareil solennel de son initiation avait déjà développées en lui. Depuis sa réception dans la vente, Goupillon vivait en réalité dans des transes continuelles; il voyait dans ses rêves le poignard des *Bons Cousins* incessamment levés sur sa poitrine. A la suite de l'évasion de Pommier, le désespoir s'empara de lui. Il se prit à pleurer, partagé entre la crainte du châtiment réservé aux traîtres et le désir d'échapper aux périls d'un complot dont tout annonçait la fin funeste.

Un nommé Choulet, homme à la dévotion du colonel, vit ces larmes, et n'hésita pas à penser qu'elles avaient quelque rapport avec les menées du Carbonarisme. Il pressa Goupillon. Pendant deux jours, celui-ci résista à ses instances. Mais enfin, le 19 mars, il apprend qu'une information est ouverte sur les tentatives de séduction faites auprès du sergent de garde de la prison; son nom a été prononcé; Pommier vient d'être appelé chez le colonel : plus de doute, Pommier va sauver sa tête par un aveu et compromettre les autres.

Aveuglé par cette idée, Goupillon veut prévenir la délation supposée de Pommier. Choulet l'y exhorte, et ils vont ensemble trouver le colonel. Là, en présence de son supérieur, partagé, tiraillé entre deux sentiments contraires, Goupillon hésite, balbutie, sanglote. Il se défend d'abord d'avoir favorisé l'évasion de Pommier; puis il s'arrête; son secret lui pèse.

Le colonel, qui est averti à l'avance de ce que Goupillon va lui dire, le presse avec douceur, l'encourage et finit par tirer de lui les renseignements les plus étendus sur le complot; il sait les noms de tous ceux qui y prennent part. Cette confession orale, le colonel la lui fait mettre ensuite par écrit. Puis Goupillon est reconduit à la chambre, et séquestré de façon à ne pouvoir communiquer avec personne.

Rien n'avait transpiré dans la caserne des révélations de Goupillon; seulement ses camarades, surpris de ne pas le voir, commentaient son absence. Le soir, après le contre-appel, l'adjudant-major de Goguet et plusieurs officiers choisis visitèrent tout à coup les chambrées le pistolet au poing. Chacun des conjurés désigné par Goupillon fut tour à tour arrêté, sans résistance possible, et conduit dans la chambre de l'adjudant-major; sur le palier de cette chambre était rangée une compagnie de grenadiers, le fusil au pied. Lefèvre, Castelli, Dariotseq, Bicheron, Asnès, Raoulx et Goubin, amenés l'un après l'autre, y furent déshabillés et minutieusement fouillés par les officiers présents. L'opération terminée, on procéda à la visite des paillasses. Dans celle d'Asnès, on trouva une lame de poignard enveloppée d'un foulard noir; dans celle de Goubin, un poignard emmanché, dix cartouches de poudre fine et des cartes découpées; dans celle de Pommier, deux poignards emmanchés, onze lames, trente-sept cartouches à balles et un cornet de poudre.

Tous les soldats arrêtés furent déposés à la prison de ville. Interrogés par le colonel de Toustain, les prévenus se défendirent énergiquement de participation à un complot; Goubin et Pommier, toutefois, ne purent nier avoir assisté au banquet du café de Niort, ni les propos tenus par eux dans ce lieu public. Lefèvre et Raoulx affirmèrent que la société dont ils avaient fait partie n'était qu'une société philanthropique, une sorte d'assurance mutuelle entre sous-officiers et soldats.

Les autres prisonniers, malheureusement, se laissèrent aller à des révélations compromettantes.

Hue reconnut que Bories l'avait engagé à

faire partie d'une société dite des *Carbonari*. Une fois admis, on l'avait menacé de la mort s'il dévoilait les secrets qu'on allait lui confier. Bories lui avait dit à la Rochelle que le général Berton prendrait, au moment voulu, le commandement, que plus de cinq cents bourgeois seraient de l'affaire et qu'il y aurait de l'avancement pour tous. Le lendemain de l'arrestation de Pommier, Raoulx lui avait dit que, sans cette arrestation, l'affaire aurait éclaté le jour même.

Labouré déclara qu'au mois de novembre précédent, il avait été admis par Bories parmi les *Carbonari*, qu'il avait prêté serment et reçu les signes ; que la société se divisait en haute vente, en vente centrale et en vente particulière, mais que Bories seul était admis à la vente centrale. Lors du passage du régiment à Orléans, Bories les avait invités à souper à l'auberge de la *Fleur de lys*, et, après le repas, leur avait dit qu'on n'irait pas jusqu'à la Rochelle, que l'affaire commencerait avant, et qu'on se joindrait aux insurgés du côté de Saumur.

Cochet confirma les révélations de Labouré. Affilié un instant, il n'avait pas tardé à prendre, en même temps que Perreton, la résolution de se séparer de Bories et de *sa clique*; car ils voyaient bien qu'on voulait les entraîner dans une mauvaise action.

Bicheron avoua qu'il avait été reçu provisoirement carbonaro, à Paris, dans la chambre de Pommier, en présence de Goubin et de Raoulx. Sa réception définitive n'avait eu lieu qu'à Orléans; il avait assisté à la réunion du *Lion d'or*, où l'on délibéra sur ce qu'il faudrait faire des officiers, et où l'on convint que les Carbonari se distingueraient des autres par la cocarde tricolore qu'ils porteraient à leur shako. A la Rochelle, il avait porté au capitaine Massias une lettre que lui avait remise Goubin. Il n'avait pas reçu d'argent, mais il savait qu'avant de quitter Paris plusieurs sous-officiers en avaient reçu, et que notoirement Goubin avait mis une somme en dépôt chez une cantinière du régiment.

Forte de ces premiers aveux, l'instruction se tourna vers les autres accusés, leur déclarant que rien n'était ignoré des circonstances du complot. A Goubin, à Pommier, à Raoulx, on assura que chacun d'eux avait parlé. Sans défiance contre cette assertion, et irrités l'un contre l'autre, Goubin et Pommier parlèrent. Ainsi, le procureur du roi fit avouer à Pommier qu'il était *carbonaro*, et avait été reçu par Bories; que, pendant une maladie de Bories, il l'avait remplacé en qualité de député à la vente centrale; que cette vente se tenait chez un étudiant en droit du nom de Baradère. Au mois de décembre dernier, dit-il, Bories me remit le poignard qui a été trouvé dans la paillasse de mon lit. Plus tard, il me fit passer, par l'intermédiaire de Goubin, un paquet de douze lames de poignards pour les distribuer.

Depuis notre arrivée à la Rochelle, ajouta-t-il, nous nous attendions tous les jours à voir éclater le complot. Nous devions établir, dans le voisinage des casernes, trois piquets, composés de sous-officiers et soldats sur lesquels nous pouvions compter, afin d'empêcher les officiers du régiment de se rendre à leur poste. Les villages d'alentour devaient suivre l'exemple de la Rochelle ; le général Berton, attendu dans cette ville, y devait arborer le drapeau tricolore. Goubin me dit un soir que le général Berton avait déjà commencé à Thouars. Goubin allait souvent voir à la campagne un député de Paris, qui était aux environs de la Rochelle. Je suis allé moi-même le voir un jour, je lui ai parlé pendant une demi-heure; il me dit que l'on commencerait dans six jours : c'est un homme de trente ans environ, de cinq pieds cinq pouces, un peu courbé, le cou enfoncé dans les épaules.

« Le soir, continua-t-il, j'eus un second rendez-vous avec le délégué. Il finit par me dire que, dans le moment où nous serions occupés à empêcher les officiers de communiquer avec les casernes, le général (il ne me l'a point indiqué, et je croirais, de la manière dont il s'est exprimé, qu'il voulait parler de lui) arriverait avec la garde nationale, qu'il déploierait le drapeau tricolore, et que l'affaire serait bientôt terminée. »

Dès le début de son interrogatoire, Goubin faisait au procureur du roi les aveux les plus explicites.

« D. Persistez-vous à soutenir que vous ne faites pas partie d'une société secrète dite des *Carbonari?* — R. Non, je vais, dans l'intérêt du roi autant que dans le mien, et cédant à la voix d'un sincère repentir, vous déclarer franchement tout ce que je sais. »

Dans sa candeur, et supposant qu'il lui serait tenu compte de sa sincérité, il avoua avoir été reçu par Bories, assisté de deux membres de la vente centrale. Il alla même jusqu'à déclarer qu'il avait été adressé par Bories au capitaine Massias, qu'il avait pris les ordres du capitaine à Tours, et que ce dernier lui avait répondu n'avoir encore rien reçu de Paris; qu'enfin, lui, Goubin, avait fait parvenir à Massias une lettre dans laquelle il lui demandait un rendez-vous.

« La vente centrale, ajouta Goubin, a remis trois ou quatre poignards à Bories afin qu'il nous les distribuât; j'en ai reçu un. Au moment de son arrestation, Bories me confia un petit carton, sans me dire ce qu'il contenait, me recommandant de le remettre à Pommier; je le portai à celui-ci, qui, l'ayant ouvert en ma présence, y trouva treize ou quatorze lames de poignards non montées; on les a retrouvées. »

La réunion à l'auberge du *Roi Clovis*, une entrevue au Palais-Royal avec plusieurs bourgeois furent aussi reconnues par Goubin. De même il avait assisté au repas d'Orléans, et y avait entendu les propos tenus par Bories sur une action prochaine. « Pendant le dîner, Bories nous dit que nous commencerions l'exécution du complot à l'étape de Tours; que nous marcherions sur Saumur, dont les portes nous seraient ouvertes par la garnison du château; que ce serait à Tours qu'il recevrait ses derniers ordres et ses instructions. » A Niort, Goubin reconnaissait s'être abouché avec les *Carbonari* de la ville, et avoir chanté en leur compagnie des couplets séditieux. Il avait, ainsi que Pommier, suppléé Bories auprès des députés de la vente centrale, et tous deux, pour cette mission, avaient reçu des cartes de reconnaissance.

Dariotseq avoua les faits suivants : « Dans une réunion qui eut lieu à l'auberge du *Lion d'or*, à Lafond, Goubin dit que le général Berton était attendu d'un jour à l'autre à la Rochelle, pour prendre le commandement; que des bourgeois devaient s'emparer du logement des officiers; qu'eux devaient se charger de conduire à la tour le colonel et les deux chefs de bataillon. Goupillon avait même proposé de les assassiner et de mettre le feu aux casernes; mais cette proposition a été rejetée. Un autre a donné l'avis de les enfermer à la tour, et cet avis l'a emporté. »

Castelli avait nié, dans son premier interrogatoire, qu'il eût jamais été initié à une société secrète; confronté avec Cochet et Goupillon, et n'osant persévérer dans ses dénégations en présence des deux révélateurs de son initiation, il avoua qu'il était *carbonaro*, et qu'en cette qualité il avait assisté à la réception de Goupillon et de Lefèvre : on lui avait expliqué le but du complot, qui était d'arborer le drapeau tricolore et de se joindre aux révoltés. C'est tout ce qu'il savait.

Asnès dit avoir été reçu par Bories, qui lui avait fait prêter, sur la lame d'un sabre, le serment de ne rien révéler des secrets de l'association, dont le but était de rétablir à main armée la liberté disparue. A cet effet, chacun devait posséder un fusil et vingt-cinq cartouches.

Après de longues hésitations, Raoulx reconnut avoir écrit, sous la dictée de Goubin, la lettre adressée au capitaine Massias. Confronté avec Perreton et Bicheron, il dut avouer en outre avoir assisté à la réunion du *Roi Clovis*, où il avait entendu un bourgeois lire un discours révolutionnaire. A Orléans, il s'était trouvé avec Bories à l'auberge de la *Fleur de lys*. A Niort, enfin, il avait fraternisé avec des bourgeois qui lui avaient donné à lire une chanson séditieuse.

« J'ai été reçu, dit à son tour Lefèvre, le même jour que Goupillon par Goubin, qui m'a fait prêter, sur un poignard, serment de ne pas révéler les secrets de la société. On me dit que le but de cette société était de défendre la liberté ; que nous n'avions rien à faire, que c'étaient les bourgeois qui devaient agir. Le sergent-major Pommier me dit, comme signe d'initiation, d'aller à sa chambre chercher un poignard ; je lui répondis que je n'en avais pas besoin, puisqu'il n'y avait rien à faire. La seule réunion à laquelle je me sois trouvé est celle au village de Lafond, où l'on a dit que le général Berton allait arriver à la Rochelle.

Ces dépositions que nous venons de rapporter en consultant l'instruction telle qu'elle a été publiée, furent plus tard, en partie du moins, désavouées par certains accusés ; ils prétendirent que les magistrats instructeurs avaient défiguré les phrases insignifiantes par lesquelles ils avaient répondu à l'interrogatoire, et qu'ils n'avaient jamais déclaré avoir fait partie d'un complot. Tout mauvais cas est niable.

En dehors de l'instruction de la Rochelle, le général Despinois avait interrogé Bories à Nantes ; mais celui-ci s'était montré impénétrable et avait nié absolument toute participation à un complot quelconque. Espérant trouver quelque renseignement de nature à éclairer une enquête à laquelle se livrait la cour d'assises de Nantes, il se transporta à la Rochelle. Là, il fit mander devant lui Pommier et Goubin. M. Trélat, dans une publication sur la *Charbonnerie*, raconte dans les termes suivants cette entrevue :

« Le général Despinois se rendit dans leur prison. Le misérable essaya de les attendrir en feignant de partager leur douleur ; il leur parla de leurs mères, il alla jusqu'à pleurer, et, voyant qu'il n'en obtenait rien, il changea tout à coup de système et se porta contre eux à la plus grande fureur et aux plus grossières brutalités. Ces âmes généreuses réagirent contre une pareille lâcheté et laissèrent échapper, sous forme de menaces, quelques aveux au milieu de l'expression de leur mépris. C'était tout ce que voulait l'espion. »

Voilà certes de bien graves imputations. Sur quels indices l'auteur les a-t-il fondées ? Nous ne saurions le dire. A cette époque d'ardente réaction, la passion politique pouvait bien, même chez les personnes les plus haut placées, égarer les sentiments jusqu'au delà des bornes de ce qui est honorable et digne ; toutefois, il n'existe dans l'instruction d'autre trace de l'intervention du général Despinois que les lettres de Pommier et de Goubin, et ces lettres, loin de menacer qui que ce soit, exprimaient plutôt du repentir. Où est la vérité ? Les débats eux-mêmes, nous allons en avoir la preuve, n'ont pas suffi à lever tous les doutes.

Après les différents interrogatoires que nous venons d'analyser, vint celui du capitaine Massias. Aux yeux de l'accusation, le capitaine était le lien véritable entre les affiliés du 45ᵉ et les groupes supérieurs. Elle avait à le prouver. On eut beau interroger le capitaine à diverses reprises, on n'en put rien tirer. Il ne nia pas, ainsi qu'on en arguait, que deux personnes fussent venues le demander la nuit, à son logement de Tours, qu'un sergent-major ne lui eût demandé des nouvelles de Paris; qu'est-ce que cela signifiait? Lui était-il interdit de recevoir des visites? On n'en obtint pas autre chose.

On espérait plus des affiliés civils de Paris. Sur les indications de Pommier, la police avait arrêté Baradère. Baradère resta impénétrable; que voulait-on dire en lui parlant de complot? Si on l'accusait d'un délit ou d'un crime, il n'avait, quant à présent, rien à dire, il s'expliquerait seulement aux débats.

D'autres noms avaient encore été prononcés, à propos de la réunion du *Roi Clovis*. Gauran, l'étudiant en médecine, fut arrêté, et, dans une perquisition à son domicile, on trouva vingt-cinq cartouches, le nombre exigé par les statuts de la *Charbonnerie*. Gauran fit remarquer que ces cartouches étaient de poudre fine et non de poudre de guerre, et qu'il s'en servait en guise de délassement, pour s'exercer au tir au pistolet; il avoua, d'ailleurs, être franc-maçon, et avoir connu Baradère et les autres inculpés à la loge des *Amis de la Vérité*.

Rosé, qu'on arrêta également, tint le même langage.

Mais Hénon, désigné par les militaires comme le *bourgeois* qui avait prononcé le discours à l'auberge du *Roi Clovis*, reconnut, devant le préfet de police et devant le juge d'instruction, avoir fait partie d'une vente qui se réunissait chez Baradère, et indiqua un de ses amis, Marcel, comme l'ayant affilié; il déclara, en outre, que Bories était député

à cette vente. Le but de l'association, ajouta-t-il, était de conquérir la liberté, même à main armée; à cet effet, chaque initié devait se procurer un fusil, vingt-cinq cartouches, et se tenir prêt à marcher à toute réquisition de la haute vente.

Selon lui, des opinions politiques très-divergentes divisaient la *Charbonnerie :* les uns voulaient la République, les autres Napoléon II; on s'accordait sur un seul point, c'est qu'il fallait renverser le gouvernement des Bourbons. Après l'échec de Saumur, Baradère avait dit à Hénon que le général Berton avait agi, dans cette affaire, sans ordre supérieur, qu'il avait tenté un coup désespéré, que, néanmoins, les ventes avaient dû venir à son secours. Lorsque le complot de la Rochelle avait été découvert, Baradère lui avait soufflé qu'au besoin, et il l'avait invité à faire de même, on n'avouerait pas autre chose qu'une affiliation à la loge des *Amis de la Vérité*.

Quoi qu'il en soit de ces déclarations, tous les prévenus avaient été transférés à Paris, la cour royale ayant évoqué l'affaire comme étant de sa compétence, puisque c'était dans son ressort que le complot avait pris naissance et que les principaux accusés y résidaient. D'abord séparés à la Force, ils avaient été réunis à la Conciergerie. Là, l'influence de Bories avait repris son empire sur ses jeunes camarades, prompts au dévouement comme au désespoir. Quand ils lui avouèrent leurs défaillances, il ne leur adressa pas de reproches; il les embrassa avec la plus vive effusion, s'accusant, au contraire, de les avoir compromis, perdus, peut-être. Puis, se racontant mutuellement ce qui leur était arrivé depuis leur séparation, on arriva à constater ceci: d'abord que Massias et Bories n'avaient rien dit; ensuite, que, si les autres avaient avoué l'existence d'une vente militaire dans le 45ᵉ, signalé les principales réunions de cette vente, ses rapports avec une vente centrale, c'avait été avec cette réserve qu'ils ne l'avaient considérée que comme une société philanthropique. De la concordance de ces aveux, de quelques paroles imprudentes, les magistrats instructeurs avaient, il est vrai, tiré des conjectures qu'on avait présentées aux prévenus comme le résultat des révélations plus explicites de quelques-uns d'entre eux ; on était tombé dans le piège. Mais, dans l'abîme qui s'entr'ouvrait, devait-on entraîner les destinées de l'association, les espérances futures de liberté qui avaient fait vibrer leurs cœurs généreux? Non, il fallait se sacrifier, en se sacrifiant, sauver la vente suprême et le comité directeur. Il y avait donc lieu de rétracter tous les aveux; non qu'une telle rétractation pût tromper la justice sur leur culpabilité propre, mais elle l'empêcherait de pénétrer plus avant dans les secrets de la *Charbonnerie*.

Telle est l'immolation que proposa Bories, le pieux mensonge qui fut accepté par tous ses camarades.

Cette résolution prise, les accusés se partagèrent en deux groupes. Le capitaine Massias et les prévenus civils s'isolèrent des autres ; Bories, dont la prudence était plus éveillée que celle de ses compagnons, servit d'intermédiaire. Hénon, le seul civil qui eût avoué, s'engagea à la rétractation la plus formelle.

Pendant que la justice rassemblait à Paris les éléments du procès, de sinistres nouvelles, dont l'écho arrivait jusque dans la Conciergerie, venaient, de jour en jour, faire pressentir aux prévenus le sort qui les attendait. Vallé, condamné à mort, montait, le 10 juin, sur l'échafaud. Le 1er mai, Sirejean, principal instigateur, avec Delon, du premier complot de Saumur, avait été fusillé à Tours. Le 17 juin, Berton était arrêté, et le procureur général Mangin poursuivait l'instruction de son affaire. L'horizon s'assombrissait donc de jour en jour pour ces victimes d'une généreuse passion.

Le 24 juillet, la chambre d'accusation de la cour de Paris avait fini son travail ; elle renvoyait devant la cour d'assises de la Seine : Massias, Bories, Baradère, Hénon, Gauran, Rosé, Goubin, Pommier, Raoulx, Asnès, Bicheron, Goupillon, Labouré, Cochet, Castelli, Dutrou, Barlet, Perreton, Lefèvre, Hue, Thomas-Jean, Gauthier, Lecoq, Dariotseq et Demail, les uns comme ayant pris part à un complot contre la sûreté de l'État, les treize derniers comme ayant eu connaissance du complot et ne l'ayant pas révélé.

Le 21 août, les débats s'ouvrirent. On comprend avec quelle impatience on attendait le commencement de ce procès ; tout ce qui en avait transpiré jusque-là était fait pour exciter l'attention publique. Un grand concours de monde se porta, dès le premier jour, vers la salle d'audience, et le gouvernement fut obligé de déployer un appareil de force imposant, afin de contenir la foule. Un accusé surtout absorbait la curiosité générale, et chacun essayait de l'apercevoir : c'était Bories, dont la belle et calme physionomie excitait la sympathie de tous.

À dix heures et demie du matin les accusés furent introduits et placés sur un triple rang de bancs; un gendarme les séparait les uns des autres. Le plus âgé des accusés militaires avait vingt-sept ans, c'était Bories. L'attitude de tous ces hommes, jeunes presque tous, était simple et grave.

Les jurés prennent séance. Ce sont MM. Trouvé, chef du jury, Doilot, Perrin, Bernard de la Fortette, Pavet de Courteille, de Loynes, de Viany, Rodier, Faveret, Pannetier, le vicomte d'Arlincourt. Les deux jurés suppléants sont MM. de Bely et Dubacq.

La cour est composée de MM. de Montmerqué, président; de Frasans, Chevalier-Lemore, de Berny, conseillers; Froidefond, Noël Du Payrat, conseillers auditeurs. M. de Marchangy, avocat général, et M. de Broé, substitut, sont au banc du ministère public.

Les défenseurs sont : pour Baradère, Mᵉ Berville; pour Gauran, Mᵉ Barthe; pour Massias et Hénon, Mᵉ Mocquart; pour Bories, Mᵉ Mérilhou; pour Bicheron, Mᵉ Chaix d'Est-Ange; pour les autres, M˟˟ Coffinières, Aylies, Visinet, Legouix, Boulay de la Meurthe, Renouard, Plougoulm, Delangle, Dalloz. Tous ces avocats, jeunes alors et imbus des idées libérales, ont fait plus tard, il n'est pas inutile d'en noter ici la remarque, la gloire du barreau ou de la magistrature.

La première audience fut remplie tout entière par la lecture de l'acte d'accusation. Cette pièce, l'œuvre de M. de Marchangy, indépendamment des charges qu'elle relevait contre les accusés placés sous la main de la justice, faisait le procès, non-seulement à la Charbonnerie, dont le parquet n'avait pas su saisir les fils, mais encore, c'était la mode alors, à tout le parti libéral, rendu solidaire des différents complots tramés contre l'autorité royale.

Le greffier fit alors l'appel des témoins à charge ou à décharge; les premiers étaient au nombre de 58. Le 22 août, les interrogatoires commencèrent. C'est l'accusé Hénon qui eut à répondre le premier. Nous donnons un extrait de cette partie du débat.

M. le Président. — Vous avez déclaré dans l'instruction que vous aviez fait partie d'une société secrète. Persistez-vous dans cette déclaration?

R. — Non, monsieur.

D. — Qui donc a pu vous pousser à faire des déclarations contraires à la vérité?

R. — Je croyais par là obtenir promptement ma mise en liberté. Je suis père de famille, à la tête d'un établissement qu'une absence de huit jours peut renverser, et c'est ce qui est arrivé. M. le préfet de police m'a donné à entendre qu'un aveu de ma part me ferait mettre immédiatement en liberté. J'avais déjà fait quelques jours de détention, et la patience commençait à m'abandonner. M. le préfet de police s'est efforcé de me persuader qu'en faisant des révélations, je me tirerais d'affaire, et que je pourrais du même coup faire élargir des camarades. Je l'ai cru, et j'ai dit tout ce qu'on a voulu que je dise.

M. le Président repousse ces allégations comme invraisemblables, et donne lecture des deux interrogatoires de l'accusé, l'un devant le préfet de police, l'autre devant M. Debelleyme, juge d'instruction.

Hénon persiste à démentir les déclarations par lui précédemment faites. Il dit que, non-seulement il a été porté à les faire par l'espoir de la liberté, mais qu'il a cédé encore à un mouvement de générosité à l'égard de son ami Marcel, qu'il craignait de voir compromis.

M. le Président ordonne, en vertu de son pouvoir discrétionnaire, que le préfet de police sera entendu par la Cour.

Pommier, interrogé à son tour, avoue avoir fait partie de la réunion des sous-officiers du 45ᵉ; mais il ne se rappelle ni le nombre des assistants, ni l'époque de la réunion. Il n'a jamais eu d'entrevue avec des bourgeois, et nie avoir été reçu *carbonaro* à Paris.

M. le Président. — Vous avez déclaré que vous aviez été reçu par Bories et deux bourgeois.

R. J'ai fait cette déclaration, cela est vrai, mais c'est le général Despinois qui m'y a forcé par ses menaces et ses promesses.

D. — Votre déclaration première est écrite de votre propre main.

Pommier. — Sans doute; mais elle m'a été

Les quatre sergents de la Rochelle.

dictée presque tout entière par le général Despinois. C'est lui qui m'a donné les renseignements sur la société des *Carbonari*.

D. — Comment se fait-il que, dans vos interrogatoires ultérieurs, vous ayez persisté dans votre déclaration ?

R. — Parce que M. le général Despinois me l'avait recommandé, en me disant que je serais sauvé.

M. le Président, à Bories. — Bories, il résulte de tous les faits de la cause que vous avez fondé dans le 45ᵉ régiment de ligne une société secrète, composée de sous-officiers ?

Bories. — C'est faux, monsieur le Président. Avant le départ du Havre il a été question d'établir une société philanthropique dont l'objet était de former une caisse de secours pour les militaires malades ; il y en avait beaucoup. C'est dans ce seul but qu'elle a été formée. Comme l'argent des souscripteurs n'était pas distribué également, j'ai proposé, pour plus de régularité, de nommer un secrétaire et un trésorier. J'avais déjà, au Havre, parlé de ce projet à Goubin et à Pommier. J'affirme que cette société n'a jamais porté le nom de *Chevaliers de la Liberté*, de *Carbonari*, ou tout autre semblable. Chacun donnait vingt sous par mois, et tout était dit.

D. — En quoi consistait le serment par lequel on s'engageait ?

R. — On faisait prêter un serment pour intriguer les sous-officiers et les engager à entrer dans cette société. Quant aux poignards qu'on m'accuse d'avoir fournis aux membres de la société, c'est Pommier qui les a fournis; c'était d'ailleurs un signe purement *mystique*, et ceux qui en voulaient en prenaient. Bories déclare, en outre, que c'est lui qui a payé le dîner à Orléans sur les fonds de la société, mais qu'à cette réunion il n'a pas été question de politique.

M. le Président rappelle à Bories la querelle avec les soldats suisses, à Orléans, querelle à la suite de laquelle il avait été cassé provisoirement. Il lui dit aussi qu'à Tours il a eu une entrevue avec le capitaine Massias.

Bories répond que cette entrevue fut sans importance, que l'objet, ssez insignifiant pour qu'il n'en ait point gardé le souvenir, était évidemment étranger à la politique.

M. le Président, à Goubin. — Accusé, vous avez déclaré que vous faisiez partie d'une société secrète destinée à conquérir la liberté?

Goubin. — Le fait est faux; j'ai déclaré que c'était pour maintenir le roi et la royauté. On faisait serment de ne pas révéler les noms des membres de cette société.

D. — Vous avez dit qu'on prêtait serment sur un sabre ou un poignard?

Goubin. — J'ai fait cette déclaration d'après une lettre que Pommier me jeta dans mon cachot lors de mon arrestation à la Rochelle; on m'y traçait le plan de conduite que je devais tenir devant le général Despinois. Lorsque je fus amené devant le général, il me demanda où j'avais été reçu *carbonaro*. Je lui répondis que c'était à la Rochelle. Le général Despinois me dit alors : Vous allez être fusillé sous peu de jours; si vous voulez me faire une lettre telle que celle que Pommier m'a écrite, je vous promets, foi de général, que je vous sauverai, ainsi que tous vos camarades.

Goubin donna ensuite quelques détails sur un voyage entrepris, prétendait-on, dans l'intérêt des *Carbonari*. J'étais au café Foy, dit-il, deux individus assis à une table voisine lièrent conversation avec moi. Entre temps l'un d'eux me demanda si je voulais être *carbonaro*. Il me questionna ensuite pour savoir s'il y avait parmi nous beaucoup de militaires qui aimassent le roi et la liberté. Le capitaine Massias passant au régiment pour être libéral, je le nommai. L'étranger me témoigna alors le désir de le connaître. Le lendemain je fis part de ces diverses circonstances au capitaine Massias qui consentit à une entrevue. Je portai moi-même cette réponse aux deux inconnus, qui étaient logés aux environs d'Orléans. Tel est le motif du voyage dont on me parle.

D. — Il résulte de ce récit que vous consentiez à faire une démarche pour un individu que vous saviez être *carbonaro*. Vous étiez donc *carbonaro*?

R. — Non, monsieur le Président, notre association n'avait pour but qu'une œuvre philanthropique, qu'une association de secours mutuels.

D. — Et le renversement du gouvernement?

R. — Nous n'avons toujours eu en vue que le maintien du roi et de la liberté. Tous mes camarades peuvent l'attester.

Tous les accusés militaires se lèvent sur ce mot et répondent : — Oui, oui, le maintien du roi et de la liberté.

M. le Président. — Vous ne pouvez répondre ainsi par acclamation; chacun de vous sera interrogé à son tour. (*A Goubin.*) Enfin vous prétendez que le général Despinois, oubliant tous ses devoirs, abjurant tout sentiment d'honneur et de délicatesse, a suggéré les déclarations que vous avez faites contre vos coaccusés, et qu'il s'est rendu ainsi complice des fausses accusations dont vous n'avez pas craint de vous faire l'organe.

Pommier. — Il est allé jusqu'à se dire carbonaro.

M. le Président. — Que dites-vous là?

Pommier. — Oui, Despinois, pour m'arracher des aveux, m'a dit que lui-même était carbonaro, qu'avant un mois il livrerait Nantes, et que je n'avais rien à craindre de lui. Il me tarde de me trouver devant le général afin de m'expliquer avec lui.

M. le Président. — C'est absurde; il est invraisemblable qu'un général qui a toujours bien servi son roi, descende à de telles bassesses, à de si monstrueuses perfidies.

Mᵉ Mocquart. — Il y a une distinction à faire entre l'invraisemblable et l'impossible. J'admettrai, si l'on veut, que les faits allégués sont peu vraisemblables; sont-ils impossibles?

M. le Président. — Oui, il est impossible qu'un homme parvenu aux plus hautes dignités militaires se livre aux basses manœuvres que vous supposez, se couvre enfin de déshonneur et d'infamie.

Mᵉ Mocquart. — Monsieur le Président, quelle que soit l'étendue de votre pouvoir discrétionnaire, il ne va pas jusqu'à reculer les bornes de l'impossible. Il est des généraux fidèles à l'honneur, il en est aussi qui ont forfait à l'honneur.

M. de Marchangy. — C'est oublier toutes les convenances! Quoi! vous osez dire que le général Despinois a forfait à l'honneur?

Au banc des avocats. Il n'est pas question de lui.

M. le Président. — Le général Despinois est un digne soldat que son roi a toujours rencontré fidèle; la cour ne souffrira pas qu'on l'injurie.

Mᵉ Mocquart. — Il n'y a pas de générosité à me mettre en présence du général Despinois, quand je n'ai pas dit un mot de lui.

M. le Président. — S'il était présent, je sais ce qu'il vous répondrait.

Mᵉ Mocquart. — Je sais ce que je lui répondrais aussi.

M. le Président. — Parce qu'il est absent, notre devoir est de le protéger.

M. de Marchangy. — Aux termes du décret du 14 décembre 1810, tout avocat qui se permet d'attaquer devant les tribunaux les autorités établies doit être sur-le-champ réprimé. En conséquence, et attendu que Mᵉ Mocquart s'est servi de l'expression la plus outrageante pour le général Despinois, nous requérons qu'il soit fait application des peines portées audit décret.

Tous les avocats se lèvent à la fois, et demandent vivement la parole pour défendre leur confrère.

M. le Président, à Mᵉ Mocquart. — La chaleur de ces débats, la vivacité des expressions dont vous vous êtes servi, l'intérêt même que vous avez personnellement dans la discussion, me feraient craindre que vous ne sortiez, malgré vous, des bornes de la modération. Je crois donc faire une chose tout à la fois utile pour vous, et convenable à la dignité de la cour, en chargeant Mᵉ Mérilhou du soin de présenter votre défense.

A la suite de cet incident, la cour délibère, et dit qu'il n'y a lieu à statuer sur le réquisitoire de M. l'avocat général, ni à prononcer aucune des peines portées par le décret du 14 décembre 1810, et néanmoins, enjoint au défenseur d'être plus circonspect à l'avenir.

A la reprise de l'audience, M. le Président continua l'interrogatoire de Pommier.

D. — On exigeait un serment des nouveaux membres lors de leur admission. La violation de ce serment n'entraînait-elle pas la peine de mort? Ne s'engageait-on pas à conquérir la liberté à main armée?

R. — Non, monsieur.

D. — Bories a déclaré hier le contraire.

Bories, vivement. — C'est faux.

M. le Président. — Si ce n'est pas vous, ce sont vos complices. (*Murmures au barreau.*) Goubin, expliquez-vous sur le fait des poignards.

. R. — C'est moi qui suis l'auteur de cette invention; je n'avais d'autre but que de donner quelque chose de mystique à notre association. Les maçons...

D. — Les maçons n'ont pas de poignard.

Lefèvre. — Je suis maçon, monsieur le Président, et j'affirme que les maçons ont des poignards.

M. le Président. — Ils ne les portent pas.

Plusieurs accusés. — Nous ne les portions pas non plus.

Au commencement de l'audience du 23 août, Bories, s'adressant au président, lui fit observer qu'un nommé Danies, espion du colonel, s'était introduit dans l'audience et communiquait avec les témoins à charge. Le président fit droit à l'observation, et donna des ordres pour qu'aucun étranger ne pénétrât à l'avenir dans la salle des témoins.

Dans cette même audience, on entendit le préfet de police, alors M. Delavau. Le président lui dit : Nous sommes obligé d'adresser à monsieur le préfet une question dont il nous est cependant facile de pressentir la réponse. L'accusé Hénon prétend que vous seriez allé au-delà des devoirs prescrits à tout magistrat, au point de lui assurer que, s'il faisait des révélations, il aurait sa liberté.

M. le Préfet. — Je n'ai pas dû lui promettre ce qu'il n'était pas en mon pouvoir de tenir. J'ai engagé sans doute Hénon à dire la vérité, d'abord par respect pour la justice, et ensuite comme un moyen de se concilier l'indulgence par la franchise et peut-être aussi la clémence royale. Ce sont là, à peu près, les expressions dont je me suis servi.

Hénon. — La déclaration de M. le préfet est parfaitement vraie, excepté sur un point. Il m'a lu ma déclaration détail par détail, mais il n'en a pas fait la lecture générale. Il m'a sans doute proposé de relire tout le procès-verbal; mais, comme il était deux heures du matin, j'ai cru pouvoir l'en dispenser.

M. le Préfet. — J'affirme que le procès-verbal entier a été lu.

Hénon, avec force. — Je jure devant Dieu, qui nous jugera tous, que je déclare en ce moment la vérité.

M. le Président. — Hénon, en admettant qu'au moyen d'une fausse déclaration, par une interprétation malheureuse de la conversation de M. le préfet, vous ayez pu compter sur la promesse d'obtenir immédiatement la liberté, comment n'avez-vous pas été détrompé quand vous avez paru devant le juge d'instruction et devant le commissaire instructeur?

Hénon. — Je me suis accusé pour sauver Marcel. Je suis victime de mon dévouement à l'amitié.

M. l'avocat général. — Si vous prétendiez sauver Marcel, comment se fait-il que vous l'ayez inculpé de préférence à tout autre, en l'accusant de vous avoir initié?

Hénon. — Il fallait bien nommer quelqu'un. Si j'ai fait des mensonges, je le répète, c'est uniquement pour sauver Marcel. Je n'ai reconnu mon erreur que lorsque, le pressant, dans son propre intérêt, de se déclarer coupable, il m'a soutenu qu'il était innocent. Quant à mes opinions politiques, je suis pour les Bourbons et pour la Charte.

M. le Président. — Comment auriez-vous pu deviner l'existence des sociétés secrètes dont vous parlez, si vous n'aviez pas été réellement initié?

Hénon. — Ce n'étaient que des inventions qui m'étaient inspirées par les pressantes exhortations du préfet de police. J'ai parlé des sociétés secrètes, c'est bien simple : les journaux du gouvernement ne cessaient de proclamer l'existence de ces sociétés, et très-certainement des révélations où il n aurait pas été question de sociétés secrètes n'eussent pas satisfait l'autorité.

Me Aylies. — M. le préfet n'a-t-il pas fait solliciter Hénon par l'inspecteur des prisons, et ne lui a-t-il pas offert ou même donné des secours ?

M. le Président. — Ceci est étranger aux débats.

M. le Préfet. — Je demande, au contraire, à répondre, afin de ne rien laisser de louche dans tout ceci. Hénon se trouvant dans le dénuement, et n'ayant au dehors ni famille ni amis pour lui venir en aide, il lui a été accordé un secours qui est, je crois, d'une somme de 30 francs.

Me Aylies. — Pourquoi ce secours extraordinaire ?

M. le Préfet. — Vous savez bien que la subsistance des prisonniers se réduit au strict nécessaire, et que la position est dure pour un homme habitué à quelque aisance.

M. le substitut de Broé. — On a l'air de s'armer du bienfait contre le bienfaiteur. Un tel système de défense pourrait être fatal.

M. le Président, à Hénon. — Quel motif aurait donc pu vous porter à faire des déclarations qui ne seraient pas conformes à la vérité ? Encore une fois, je vous le demande ?

R. — Un motif bien simple, celui d'obtenir promptement ma liberté. Je suis père de famille, je tiens un établissement d'instruction primaire ; une détention de huit jours...

M. le Président. — Vous sentez bien au fond de votre âme que vous ne dites pas la vérité dans ce moment.

Hénon. — Je vous demande pardon ; ma conscience ne me reproche rien.

M. le Président. — Ce qui le prouve, c'est le trouble même avec lequel vous prononcez cette dénégation.

M. de Montmerqué, à qui on ne peut dénier une impartialité relative dans cette affaire, nous semble ici prendre un peu le rôle du ministère public. Le jury, choisi pour la circonstance, était suffisamment prévenu contre les accusés, pour que le président évitât de prendre parti à son tour.

Pommier, à qui on lut les déclarations qu'il avait faites pendant l'instruction, à Paris, répondit : Devant M. de Cassini, j'étais encore intimidé par les menaces du général Despinois ; je me suis réservé de m'expliquer aux débats.

M. le Président. — Le général Despinois n'avait plus d'empire sur vous.

Pommier. — Pardonnez-moi, il est général, et moi je suis sous-officier.

D. — Pouvez-vous supposer qu'un général français pèse sur un accusé au point de lui arracher de fausses déclarations ; qu'il vous ait, non-seulement extorqué l'aveu d'un crime dont vous seriez innocent, mais qu'il vous ait encore engagé à compromettre par des aveux supposés d'autres sous-officiers et deux individus non militaires ?

Pommier. — Jamais je n'ai connu de bourgeois comme initiés dans la société qu'à la Rochelle.

D. — On comprend votre réponse. Quelles sont les menaces que vous a faites le général Despinois ?

Pommier. — Il m'a dit que, si je ne consentais à déclarer tout ce qu'il allait me dicter, il me livrerait à un conseil de guerre ; que les membres de ce conseil étaient déjà nommés, et que, dans cinq ou six jours, mes camarades et moi nous serions fusillés. Après cela, il a paru se radoucir et m'a offert de l'argent pour m'engager à faire des révélations, me promettant de demander ma grâce au roi.

D. — D'où venaient les poignards qu'on a saisis dans vos effets ? — R. Je les ai achetés à Paris, dans la rue du Foin, à un marchand d'habits qui passait. Ils étaient destinés à une société philanthropique dont j'étais un des membres.

On interroge Goupillon. — Avant d'entrer dans aucun détail, dit cet accusé, je désirerais expliquer les circonstances qui ont précédé ma déclaration. Ce fut le 18 mars que je fis au colonel la déclaration du soi-disant complot qui existait dans le régiment. Je n'en donnai qu'une explication en l'air. Le dimanche, vers les cinq heures du matin, M. Leloup, officier du régiment, vint me réveiller et me dit, de la part du colonel, qu'il fallait faire un rapport circonstancié de tous les faits, que mes aveux engageraient mes camarades à en faire de plus étendus, parce qu'ils en savaient plus que moi. Il ajouta qu'aucun de nous ne serait puni, mais seulement les meneurs. Je me rendis chez le colonel avec M. Leloup; et c'est en présence de cet officier que je fis ce rapport.

Puis Goupillon confirme ses déclarations premières, en les modifiant sur quelques points secondaires. Il convient avoir été reçu *carbonaro*, et connaître le signe de reconnaissance, qui se trace avec l'index sur la paume de la main. Au reste, dans sa déclaration autographe, ajoute-t-il, on l'a un peu aidé, on lui a fait parler de M. Benjamin Constant et du général Foy, qu'il ne connaissait pas.

Goubin. — Dans une réunion qui eut lieu entre nous, Goupillon opina pour qu'on assassinât le colonel et les chefs de bataillon. A cette occasion, il tira son sabre et dit : « Je jure que je vengerai les mânes de mon père, qui a été outragé par le gouvernement actuel. »

Pommier. — C'est vous, Goupillon, qui, lorsque j'étais à la salle de police, vîntes me prendre les mains à travers les barreaux, en me disant : « Il faut attaquer cette nuit, ou nous sommes perdus... » C'est vous qui m'avez parlé de pièces d'artillerie qu'on pouvait prendre à l'arsenal. C'est vous qui avez proposé des espingoles....

M. le Président. — Goupillon a fait des révélations : il n'est pas étonnant que ses coaccusés s'entendent pour le charger.

On passa ensuite à l'interrogatoire de Baradère, président de vente centrale, suivant l'accusation.

Le président lui demanda s'il n'appartenait pas à une société secrète organisée contre le gouvernement, et, dans cette société, s'il n'était pas président de vente centrale et député à la vente suprême.

« Avant de répondre à cette question, dit Baradère, je ferai observer que je suis accusé de complot et non de carbonarisme; que le carbonarisme est tellement en dehors de l'accusation de complot, que plusieurs de mes coprévenus, quoiqu'ils n'aient pas fait de difficulté d'avouer leur participation au carbonarisme, n'en ont pas moins été mis hors de cause par la chambre des mises en accusation. Vainement dira-t-on qu'en qualité de président de vente centrale et de député à la vente suprême je dois être considéré comme étant en rapports habituels avec le comité directeur, source, dit-on, de tout complot, et traité, en conséquence, comme le complice immédiat des membres de ce comité; j'invoquerai encore, dans ce cas, la jurisprudence de la chambre des mises en accusation : des présidents de vente avoués, des députés formellement reconnus ont été mis en liberté par elle. Ceci dit, et pour répondre directement à la question, je déclare que, bien qu'il n'y ait ni crime ni délit dans les qualités qu'on m'attribue, ainsi que je viens de l'établir, il est faux que j'aie jamais été ni président ni député de vente, ni carbonaro, ni membre d'aucune société secrète.

M. le Président. — Vous n'avez pas à vous préoccuper de ce qui a été statué à l'égard de vos coprévenus; l'arrêt qui les met hors de cour n'est aucunement la justification de la société secrète dont vous êtes accusé d'avoir fait partie. Je vous demande donc si le but de cette société n'était pas de renverser la dynastie régnante et d'y substituer une autre forme de gouvernement?

Baradère. — Je sais que c'est là, suivant l'accusation, le but de l'association dont on poursuit aujourd'hui les membres. Je n'essaierai pas de la justifier, parce que, n'en faisant pas partie, je ne puis en connaître l'objet.

D. — Vous persistez donc à nier que vous ayez été membre de cette association?

R. — Assurément, je le nie. »

On n'en tira pas autre chose. On revint alors à Bories. M. le président lui demanda en quoi consistait le serment exigé des membres affiliés à l'association.

Bories. — A tenir secret le nom des membres de la société.

D. — Ce serment n'était-il pas fait sous peine de mort?

R. — Non. En pareille matière, d'ailleurs, il serait absurde de s'attacher à la lettre du serment. Je suis maçon, et je puis dire que les serments de la maçonnerie sont bien autrement terribles que les nôtres; je ne sache pourtant pas que leur violation ait jusqu'ici coûté une seule goutte de sang. L'accusation me place, ajouta-t-il, dans une étrange position : tantôt elle prétend que je recevais des ordres directs du comité directeur, tantôt que j'en recevais de Baradère, suivant elle simple président de vente, tantôt enfin que j'en recevais de Massias, qui lui-même eût été le subordonné de Baradère. Qu'elle fixe, une fois pour toutes, ma place dans l'échelle du carbonarisme et qu'elle cesse de me présenter en même temps et comme chef et comme subordonné.

L'interrogatoire des accusés était à peu près terminé. Sauf quelques-uns, comme on vient de le voir, tous niaient la pensée d'un complot. Le président leur disait bien que c'était contre l'évidence, que les preuves abondaient contre eux. Suivant nous, il lui était plus facile de le dire que de l'établir. Et d'abord, ainsi que l'avait fait remarquer Baradère, à qui faisait-on le procès? était-ce à un complot plus ou moins virtuel? était-ce au carbonarisme? Si c'était un complot, quelle importance pouvaient avoir dans l'affaire les serments, les poignards et vingt autres puérilités semblables sur lesquelles on s'appesantissait? A distance, d'ailleurs, et pour des esprits que n'égare pas la passion politique, le procès des quatre sergents de la Rochelle apparaît plutôt comme un procès de tendance que comme la répression d'un acte criminel. Ces jeunes soldats allaient être frappés de la peine la plus rigoureuse, non pas pour avoir tenté de renverser le gouvernement des Bourbons, mais pour avoir, dans des conversations peut-être, exprimé la pensée, l'espoir de son renversement. Quelles que fussent, en un mot, les convictions de la justice à leur égard, la punition qui les attendait était toute politique, elle intervenait pour l'exemple.

On en était arrivé à l'audition des témoins à charge. A l'audience du 24 août comparut le colonel du 45° de ligne, marquis de Toustain. Voici le préambule de sa déposition :

« Le régiment dont Sa Majesté a daigné me confier le commandement s'est toujours distingué par son dévouement pour le roi et son auguste famille. Il a manifesté surtout ce dévouement dans l'affaire même qui me procure l'honneur de déposer devant vous, en expulsant de son sein, sans le secours de l'autorité, les hommes qu'on soupçonnait du plus affreux des crimes. On m'avertit un soir, à Orléans, qu'il y avait eu du tumulte dans la ville, et que les soldats de mon régiment s'égorgeaient avec les militaires suisses de la garde royale. Je me hâtai de me rendre au quartier, et je rencontrai un garde qui ramenait Bories : je m'approchai, et lui dis que je savais bien que là où il y avait du tumulte, on était certain de le rencontrer. On battit la retraite, les militaires se retirèrent. Bories fut conduit au corps-de-garde; j'étais convaincu qu'il était l'agresseur. Le lendemain, je cassai provisoirement ce sergent-major, et je le mis à la garde du camp. »

Le colonel raconta ensuite dans tous ses détails la façon dont il avait été mis au courant du complot, et donna sur les divers accusés des détails circonstanciés, mais qui n'ajoutent rien à ceux que nous avons relevés dans l'interrogatoire.

M. le Président. — Quelle était, à Paris, la conduite de Bories?

R. — Elle était loin d'être régulière.

Bories proteste; il récapitule toutes les punitions qui lui ont été infligées, et qui n'avaient pour cause que de légères infractions à la discipline militaire. Arrivé à l'affaire des Suisses, il se plaint de la rigueur de l'ordre du jour formulé à cette occasion. « D'après cet ordre du jour, dit-il, tout homme qui aurait eu querelle avec les Suisses, s'il était simple soldat, devait subir un mois de prison, et, s'il était sous-officier, devait être cassé. Qu'il eût tort ou raison, il avait toujours tort. »

M. le Procureur général. — C'est impossible.

Bories. — Avec un tel ordre du jour, les Suisses se crurent tout permis à notre égard. Je passais avec un fourrier dans une rue d'Orléans ; un groupe de Suisses nous croisa; je fus heurté par l'un d'eux. Je me retournai et lui dis : L'avez-vous fait exprès? Pour toute réponse, il me donna un soufflet, tellement fort que le sang me sortit du nez. Je ripostai par un coup de poing. Tous les Suisses, au nombre de dix à douze, se jetèrent sur nous, et, sans des bourgeois qui me secoururent, j'étais écrasé. J'avais remarqué un sergent suisse qui regardait cette scène en ricanant ; je fus à lui, et lui dis avec vivacité : Collègue, si je voyais dix Français attaquer un Suisse, je me ferais hacher pour défendre votre compatriote. Le sergent me répondit par le mot de *blanc-bec*. « Vois ce chevron ! m'écriai-je alors, et ne regarde pas aux moustaches. Si tu as eu l'honneur de combattre sous les drapeaux français, tu dois savoir que les braves qui sont morts sur le champ de bataille ne portaient pas tous des moustaches. »

Un instant, une discussion s'éleva à l'audience pour savoir si on laisserait continuer Bories. Le président ni l'avocat général n'étaient d'avis de pousser plus loin les explications ; mais, grâce à l'intervention de Mᵉ Mérilhou, l'accusé obtint la permission de continuer.

Pendant une suspension, Goupillon, qui depuis quelque temps était violemment agité, eut une assez vive altercation avec le colonel du 45ᵉ. Il s'écria qu'il préférait mille fois la mort au rôle infâme qu'on lui faisait jouer dans l'affaire.

Boisset, sergent-major au 45ᵉ de ligne, déposa que Bories lui avait demandé, à Paris, s'il voulait faire partie d'une société des *Chevaliers de la Liberté* ; qu'on donnait vingt sous par mois, et que c'était pour se secourir les uns les autres.

A la Rochelle, Raoulx dit au témoin qu'il avait mal fait de ne pas entrer dans cette société. Goupillon, qui était présent, tira de sa bottine un poignard, donnant ainsi à entendre qu'il ne fallait pas consentir à en faire partie. Goupillon, une autre fois, lui parla d'un complot auquel on ferait participer les galériens de Belle-Croix.

Laumeau, sergent au 45ᵉ, dit qu'étant à

Paris, on vint l'avertir qu'un bourgeois l'attendait à la porte de la caserne. C'était un homme décoré; il l'invita à prendre une demi-tasse en compagnie de deux autres bourgeois décorés. Là, on lui proposa d'entrer dans une espèce de société de francs-maçons, et, à cet effet, on lui fit de brillantes promesses qu'il prit, dit-il, pour des *gasconnades*. Le 16 mars, Raoulx lui dit : « Nous sommes malmenés dans le régiment; ça ne durera pas toujours. »

Poignant, gendarme chargé de conduire Pommier de Poitiers à Nantes, déclare que dans la route ce prévenu lui a dit : « Je suis bien malheureux que l'affaire n'ait pas réussi; j'aurais été nommé capitaine et décoré. Je devais toucher du général Berton 600 francs comme solde d'entrée en campagne; j'ai dîné avec lui à la Rochelle. La conspiration est très-étendue; on y compte plus de trois cent mille personnes, parmi lesquelles des maréchaux, des généraux, des pairs de France. » Goubin lui confia aussi que le complot de la Rochelle s'étendait depuis Lyon jusqu'à la frontière de Belgique, et que l'argent ne lui aurait pas manqué : la Rochelle devait fournir trente millions et Poitiers autant. Le but des conspirateurs était d'abolir la noblesse et de donner au peuple un roi qui serait nommé à la pluralité des voix; il était aussi question de mettre sur le trône Napoléon II, en nommant pour régent le prince Eugène.

Goubin, souriant. — Le témoin ne dit pas tout. Il m'a encore demandé quel était le chef de la conspiration, et je lui ai répondu que c'était un prince de la famille royale. Quelque grotesques qu'ils paraissent, ces aveux m'ont quelquefois été arrachés par la force; ainsi le gendarme Noyon me menaça formellement de me mettre au cachot avec le collier de fer, si je ne répondais pas à ses questions.

M. le Président. — Qu'est-ce donc que le collier dont il s'agit?

Le gendarme Noyon. — Eh mon Dieu! ce n'est rien du tout; c'est un vieux collier qui est scellé dans le mur d'un cachot et dont on ne se sert plus depuis longtemps.

Pommier et Goubin. — Quoi donc? est-ce qu'on ne s'en est pas servi pour nous?

M. le Président. — Dans les prisons de Melun, il y avait aussi des colliers de cette espèce. Aussitôt que leur existence me fut révélée, j'en écrivis au ministre, ils ont disparu sur-le-champ; il doit en être de même dans toute la France.

Goubin. — Pourtant, vous voyez, monsieur le Président, qu'il y en a encore dans les prisons de Châtellerault.

M. le Président. — Sans doute ils ne tarderont pas à disparaître. Les fers ne doivent être employés qu'autant qu'ils sont nécessaires pour empêcher le prisonnier de s'évader, ou pour le protéger contre ses propres fureurs. Mais il est du devoir du magistrat d'empêcher qu'il en soit fait usage quand ils ne sont que les instruments d'une torture inutile.

Ces paroles furent accueillies de tous les assistants avec un frémissement d'approbation; puis on reprit l'audition des témoins.

Lucas, fourrier, déclara avoir vu souvent Goubin recevoir dans sa chambre Raoulx, Asnès et quelques autres; ils s'entretenaient ensemble à voix basse, et se taisaient à l'approche du témoin. Un jour, Goubin, assis sur son lit et entouré des mêmes individus, discutait avec eux devant une carte de France déployée, disant : « Voici notre point de direction. » Cette carte avait, en effet, été trouvée dans la paillasse de Goubin.

Gaucherot, le marchand de vins du *Roi Clovis*, et sa femme ne connaissaient parmi les accusés qu'Hénon, qui était venu retenir leur salle, sous prétexte d'un assaut d'armes.

Le sergent-major *Choulet* déposa que, dans le trajet d'Orléans à la Rochelle, Bories l'avait engagé à prendre parti contre le gouvernement. Sous le régime nouveau, lui objectait-il, les militaires n'ont plus d'avancement. Le témoin refusant, Bories ajouta : « Quel diable d'homme êtes-vous donc? Si tout le monde était comme vous, on ne ferait jamais rien. »

La femme *Collignon*, cantinière au 45e, déclara que Raoulx, se trouvant à déjeuner chez elle le lendemain de l'arrestation de Pommier, avait dit que, s'il eût été à la place de ce dernier, il eût poignardé l'adjudant.

Genty et Hersent avaient entendu Asnès chanter des couplets sédicieux et annoncer que, sous peu de jours, il y aurait du nouveau.

L'auditoire des témoins à charge était terminé : c'était le tour des témoins à décharge; ils prirent peu de temps et ne jetèrent pas grande lumière sur le débat. Recurt, étudiant en médecine, déclara que c'était lui qui avait donné à Gauran les cartouches trouvées en sa possession. Ces cartouches lui avaient été vendues par un artilleur, lors du licenciement de l'armée de la Loire. Trois autres étudiants déposèrent dans le même sens. Plusieurs témoins vinrent enfin fournir les meilleurs renseignements sur la conduite des accusés.

Enfin, le 19 août, le président prononça la clôture des débats, et l'avocat général de Marchangy prit la parole pour son réquisitoire. Il s'exprima dans les termes suivants :

« Messieurs les jurés, une conspiration, dont le but était de renverser le gouvernement, devait éclater dans les murs de la Rochelle. Déjà, le jour et l'heure étaient choisis, lorsque les conjurés furent arrêtés, armés des poignards que leurs serments consacraient à des attentats.

«En procédant à l'instruction de cette affaire les magistrats de la Rochelle y trouvèrent plus qu'ils n'y cherchaient; au lieu d'un seul complot, ils découvrirent les preuves d'une société secrète, dont les initiés, répandus en cent lieux divers, préparaient à la fois, à l'aide des mêmes moyens, le succès des mêmes crimes. Les magistrats purent également se convaincre que, si le fil de ces trames nombreuses se déroulait en province, il partait de la capitale, et que, si l'on trouvait ailleurs des agents corrompus, on ne trouverait qu'à Paris les agents corrupteurs.

« Ils y ont donc renvoyé le procès, et une triste compétence fut infligée à cette cour. Mais quels contrastes nous présentent l'accusation et les accusés ! Préoccupés de l'idée d'une conspiration hardie et d'un bouleversement général, nous cherchons sur ces bancs de puissants instigateurs, des hommes dignes, par la séduction de leur opulence ou le bruit de leur renommée, d'aspirer aux promotions de la révolte, d'obtenir les courtes faveurs d'une révolution, d'exploiter à leur profit nos divisions intestines. Et cependant que voyons-nous ici? des êtres obscurs, des jeunes gens égarés, des soldats sans nom... Que pouvaient-ils donc par eux-mêmes? Rien ! s'écrient leurs défenseurs. S'il est vrai, Messieurs, que les accusés n'aient rien pu tenter d'eux-mêmes, leur propre insuffisance sera la première démonstration d'une vérité qui couvrira toute la discussion de sa lumière : c'est qu'ils faisaient partie d'une association flagrante, dont la force était dans le nombre de ses adeptes et dans la mystérieuse impulsion qui les faisait mouvoir. Fanatiques instruments d'une volonté étrangère, ils ne pouvaient rien isolément; ils pouvaient beaucoup sans doute, concourant à une action simultanée; et lorsqu'on voit les criminels projets de la Rochelle conniver avec ceux de Béfort, de Saumur, de Nantes, de Thouars, de Brest, de Saint-Malo, de Toulon, de Strasbourg, on devine comment, sans un crédit notoire, sans une haute capacité personnelle, des individus auraient pu accomplir de sinistres vœux, et comment tant de faibles roseaux auraient, en s'unissant par un lien commun, formé le sanglant faisceau des décemvirs.

« Pour prononcer sur l'un de ces complots, il faut donc, en quelque sorte, que vous connaissiez tout leur ensemble ; il faut suivre les traces des affiliations ténébreuses qui minent sourdement l'État et qui, si la justice n'eût pas éventé leurs éléments destructeurs, eussent révélé leur existence par le ravage d'une explosion. »

Ici, M. de Marchangy jette un coup d'œil sur les différents États de l'Europe, et montre le principe révolutionnaire répandant partout ses doctrines et agitant les populations jusque-là tranquilles.

« Pouvons-nous maintenant, sans douleur, continue-t-il, reporter nos regards sur nous-mêmes, et envisager nos dangers après avoir sondé les plaies du reste de l'Europe ? A Dieu ne plaise que nous désespérions de la patrie. Toutefois, on ne peut se le dissimuler, la France est infectée de principes délétères et incessamment travaillée par des machinations perfides ; soit que le règne doux et paternel des Bourbons, succédant au vigilant despotisme du précédent gouvernement, ait, à force de contraste, paru incompatible avec l'idée d'une répression sévère ; soit que, trop longtemps privés de liberté, et en ayant perdu l'usage, quelques-uns l'aient prise pour la permission de mal faire et la garantie de l'impunité ; soit que la transition d'un régime à l'autre ait envenimé les regrets, ait armé les ressentiments, ait aigri les prétentions trop souvent confondues avec les droits ; soit enfin que nulle institution n'ait été profondément creusée au milieu de nous pour absorber ce déluge, pour purifier les lumières et pour laisser déposer les passions.

« Et d'ailleurs la France, marchant la première à la tête de la civilisation, ne court-elle pas le risque d'arriver aussi la première à ce rendez-vous de l'abîme, où les peuples aboutissent lorsque, ayant échangé les vertus pour les connaissances, les mystères pour les découvertes, et l'instinct pour le raisonnement, il ne leur reste, au lieu d'illusions, que les métamorphoses de l'erreur ou les caprices du dégoût ! Ainsi périrent les nations de l'antiquité ; mais espérons qu'un pareil anathème n'éclatera pas sur les nations modernes.

« L'un des remèdes les plus salutaires qui puissent hâter sa guérison, celui qu'il vous appartient d'appliquer en ce jour, c'est une justice intrépide, c'est le triomphe des lois, c'est la fermeté des gens de bien. Vous en donnerez un éclatant exemple dans la cause qui vous est soumise, et dont il est temps de vous expliquer les faits.

« Les sociétés secrètes sont des ateliers de conspiration ; leur origine est ancienne, mais elles furent, pour ainsi dire, en permanence depuis 1815, car l'effronté succès du 20 mars les avait accréditées et mises en réputation. A cette époque, l'usurpation (et ce fut là son plus odieux forfait) appela à son secours la démagogie, qui vint assister à ses derniers moments pour hériter de ses dépouilles. Furieuse de ne pouvoir s'emparer du pouvoir, et de faire place à la légitimité, elle jeta des brandons de discorde en France. La police du temps découvrit successivement, sans en compter beaucoup d'autres dont elle n'eut pas connaissance, les sociétés de l'*Epingle noire*, celle des *Patriotes de* 1816, celle des *Vautours de Bonaparte*, celle des *Chevaliers du Soleil*, celle des *Patriotes européens réformés*, celle de la *Régénération universelle*. Toutes ces sectes s'accordaient sur le but : c'était de former une ligue des peuples contre l'autorité légitime ; c'était de conquérir la licence à main armée pour la faire asseoir sur les débris des trônes et des autels. Brochures, discours, pétitions, adresses, lithographies, souscriptions, réimpressions des mauvais livres, distribués à vil prix ou gratuitement jusque dans les hameaux; tout, depuis les cris séditieux jusqu'aux toasts, pouvait, en effet, concourir à ce but. On s'entendait si bien, que l'on concerta de vastes conspirations. Cependant, les perturbateurs n'avaient pas encore imaginé de faciles moyens de correspondre; ils n'avaient pas encore discipliné l'esprit d'insurrection et organisé le désordre; en un mot, ils ignoraient comment on peut administrer la sédition. Voici ce qu'ils apprirent, en 1820, par leur affiliation à la secte des *Carbonari* :

« Cette secte, émule de la franc-maçonnerie, empruntait ses allusions et ses symboles au métier des charbonniers. Depuis longtemps occupée d'un plan favori de révolution, elle catéchisait secrètement l'Italie. Dès 1819, elle était parvenue à s'introduire dans nos départements. Il résulte d'une correspondance officielle que le ministère d'alors ne jugea pas important d'en saisir les tribunaux, attendu, disait-il, que ces poursuites décèleraient une crainte que de pareilles sociétés ne peuvent inspirer, sous une forme de gouvernement où les droits du peuple sont reconnus et assurés. Ce motif, plein de candeur, toucha si peu les factieux, que bientôt la *Charbonnerie* grandit sur un plus vaste théâtre, et envahit presque toutes nos provinces.

« Aux termes de leur règlement, les Carbonari sont divisés en petites réunions appelées *ventes*. Ils ont des ventes particulières, des ventes centrales, des hautes ventes et une vente suprême, confondue, dans une mystérieuse profondeur, avec une espèce de comité constitué en gouvernement provisoire. Les ventes provisoires sont le premier degré de l'association; on ne peut y être reçu que sur la présentation d'un certain nombre de *carbonari*, qui répondent sur l'honneur des bons sentiments du candidat. Il faut, en outre, que ce candidat, à moins qu'il ne soit militaire en demi-solde ou en retraite, justifie de sa haine pour le gouvernement légitime. Les candidats qui, sans remplir les conditions imposées, méritent néanmoins des encouragements, et tous ceux qui ne sont pas encore assez expérimentés, sont ajournés et classés comme novices dans des sociétés qu'on peut considérer comme avenues de la Charbonnerie, et qu'on nomme les Sociétés des Amis de la Liberté. Ces sociétés préparatoires sont, en sens inverse, des espèces de lazarets où les néophytes se guérissent de leurs scrupules et d'un reste d'innocence. Quand le temps d'épreuve est passé, ils sont initiés aux ventes particulières; chacune de ces ventes se compose d'un nombre au-dessous de vingt membres ou *bons cousins*. Elle a un président, un censeur et un député. A-t-elle atteint le nombre convenu, on en forme aussitôt une nouvelle. Les députés de dix ventes particulières composent une vente centrale, et chaque vente centrale a elle-même un député qui communique avec la haute vente, de manière que les ventes particulières ne touchent aux ventes centrales, et les ventes centrales à la haute vente, que par un intermédiaire; les membres des différentes ventes restent donc étrangers les uns aux autres, et ne peuvent correspondre qu'au moyen de députés seuls initiés d'une vente à l'autre.

« Les Carbonari ont cherché d'autres garanties de la discrétion des affidés dans le serment qui leur est imposé. Le récipiendaire jure de ne pas chercher à connaître les membres de la vente suprême, et de ne pas révéler, sous peine de mort, les secrets qui lui seraient confiés. Lorsqu'un membre a manqué à ce dernier point de son serment, il est jugé par la haute vente, et un des bons cousins est désigné pour le frapper. Afin d'accomplir cette mission sanguinaire ou d'exécuter tout autre forfait commandé par les chefs, des poignards sont remis aux Carbonari. Pour épaissir encore mieux les ombres qui les couvrent, les Carbonari n'écrivent rien; ils se transmettent tout oralement, soit entre eux, soit de province en province, par l'entremise de bons cousins, qui, sous le titre de commis-voyageurs, se transportent, aux frais de la société, sur tous les points où les appellent les ordres du comité directeur. Ces agents vagabonds ont, pour se faire reconnaître des chefs des ventes près desquels ils sont envoyés, une moitié de carte bizarrement découpée, et qui doit s'adapter à l'autre moitié envoyée par le comité directeur à ces présidents de province. Ces Carbonari ont, en outre, des mots d'ordre, des mots de passe; ils ont des signes de reconnaissance particuliers; ils ont des attouchements mystérieux, soit en indiquant le cœur avec l'index comme signe interrogateur, soit en se prenant la main de manière à former tantôt un C, tantôt un double H, emblème du père et du fils.

« Les obligations et le but des Carbonari sont premièrement d'obéir aveuglément aux ordres souverains intimés par la haute vente, dont il n'est pas permis de chercher à pénétrer le sanctuaire; et secondement de tout entreprendre pour renverser le gouvernement actuel. Ainsi, par une contradiction assez étrange, les Amis de la Liberté s'engagent à déférer sans examen aux ordres de sang qu'il plaira de leur donner, de telle sorte qu'au nom de la liberté ils se font les transfuges des lois et des vertus sous l'empire desquelles ils étaient vraiment libres, pour se faire les esclaves du crime et les superstitieux instruments d'une ambition voilée. C'est pour arriver à ce honteux avilissement qu'ils doivent, aux termes de leurs statuts, préférer leurs frères d'adoption à leurs propres frères et se munir d'un fusil et de vingt-cinq cartouches; en outre, ils versent cinq francs lors de leur admission et un franc par mois.

« Telle est la foi et hommage du ban et de l'arrière-ban des vassaux révolutionnaires; telles sont les redevances, les corvées, les dîmes, les prestations stipulées dans cette nouvelle féodalité, plus humiliante, plus odieuse mille fois que celle contre laquelle on ne cesse de déclamer. Là, du moins, le feudataire ne refusait pas de partager les dangers où il conduisait ses fidèles! là on ne s'engageait point par d'exécrables serments à répandre le sang d'un frère pour de lâches rhéteurs, dont le premier soin est d'obliger les malheureux qu'ils égarent à ne pas chercher à les connaître et néanmoins à mourir pour leur obéir! Fut-il jamais un fanatisme aussi insensé, une servitude aussi révoltante? Dans les associations les plus abjectes, parmi les brigands et les corsaires, les chefs combattent à la tête de leurs compagnons, leurs risques sont communs, ils ont également à redouter les poursuites de la justice, ils marchent de front à l'échafaud, ils tombent ensemble dans l'abîme qu'ils ont creusé. Mais cette égalité n'est pas la règle des seigneurs de la vente suprême, de ces privilégiés de l'anarchie qui, du fond de leur comité invisible, prennent leurs sûretés contre les chances auxquelles ils exposent leurs séides. « Allez, leur disent-ils dans l'insolence de leur turbulente aristocratie, allez tenter pour nous les hasards d'une insurrection dont nous sommes les actionnaires; allez moissonner pour nous sous les coups de la tempête que nous avons allumée, tandis que nous attendrons, à l'abri, que vous ayez frayé un facile accès à notre pouvoir,

Nous paraîtrons au signal de vos succès, nous irons vous secourir dans vos triomphes ; si la vigilance des tribunaux déconcerte votre entreprise, nous livrerons aux haines populaires les magistrats liberticides appelés à vous juger ; nous ferons de leur devoir un péril, et de leur impartialité un titre de réprobation ; nous les tiendrons à l'étroit entre la crainte du libelle et celle du poignard. Si vous succombez dans une agression tumultueuse, nous vous érigerons, à grand bruit, des tombeaux dont le deuil hostile et les inscriptions séditieuses braveront encore l'action des lois ; nous ferons sortir des étincelles de votre cendre agitée ; nous sourirons aux larmes commandées pour vos funèbres anniversaires, et nous irons jusque dans le temple d'un Dieu de paix chercher des occasions de trouble et des prétextes de vengeance ! »

« Voilà le sens du pacte monstrueux proclamé par les proconsuls de la sédition, consenti par une multitude d'êtres égarés.

« La contagion fut si rapide que, dans le cours de 1821, trente-cinq préfets dénoncèrent à la fois des sociétés de Carbonari organisées dans leurs départements. Paris comptait dès lors plusieurs centaines de ventes. Toutes ces ventes relevaient de la vente supérieure, qui bientôt voulut faire un essai de ses forces. Les troubles de juin et la conspiration du 19 août 1820 doivent être, en effet, considérés comme les premières campagnes régulières des Carbonari français. A ces deux époques, l'or fut répandu avec profusion. On sait qu'il gagna la plupart des individus condamnés dans l'affaire du 19 août, et la secte poussa la sollicitude à leur égard jusqu'à leur assurer une paie durant leur détention.

« L'issue de l'accusation déférée à la cour des Pairs ne fut pas tellement décourageante, qu'elle dût à jamais rebuter les conspirateurs ; et comme, dans l'intervalle, ils avaient encore étendu les ramifications de leur secte, ils se trouvèrent si nombreux, si riches, si bien enrégimentés, que le comité directeur devint une sorte de gouvernement occulte.

« Nous disons, messieurs, que le comité directeur devint un gouvernement occulte, et cette expression est vraie dans le sens le plus positif, puisque, durant le cours de 1821, il déploya les ressources et prit l'attitude d'une puissance qui a des trésors, des ambassadeurs, des sujets et des armées. Pour continuer le récit des faits, nous citerons au hasard quelques-uns de ses actes, de ses ordres du jour, de ses décrets suprêmes, quelques traits de sa police, de son administration, de sa diplomatie. Ainsi, par exemple, en décembre dernier, il reçoit un envoyé des révolutionnaires espagnols, et lui promet plusieurs mille hommes. Une foule de Carbonari français partirent, en effet, à cette époque, afin de secourir leurs frères de la Fontaine-d'Or, pour ensuite revenir ensemble sur les frontières de France, déployant le drapeau tricolore enrichi d'un fléau de plus, la peste et ses horreurs. A leur passage, ces auxiliaires de la Tragala infectèrent le cordon sanitaire d'une foule de libelles et de chansons injurieuses aux Bourbons. En passant à Pau, quelques-uns d'entre eux attachèrent à un arbre de la promenade une pancarte, où, le lendemain, les habitants lurent ces mots : « Une constitution nationale
« est un contrat entre le peuple et le chef de
« l'Etat ; elle doit être consentie par les deux
« parties qu'elle oblige, non octroyée par
« l'une d'elles. De ce principe découle cette
« conséquence, que la source de tous les
« pouvoirs émane du peuple, de son accep-
« tation ; car, sans cette acceptation, il n'y
« aurait pas de constitution, mais bien usur-
« pation sur la souveraineté du peuple. »

« En décembre dernier, il s'opéra un virement de fonds de la banque du comité qui produisit un gain de plusieurs millions. Le 1ᵉʳ mars, ordre du jour qui recommande aux Carbonari de s'exercer au maniement des armes. Le 6 mars, décret portant qu'il sera formé un comité d'action militaire, lequel sera spécialement chargé de se procurer des armes et d'établir des dépôts. Le 10 mai, création, sous le nom de *bataillon sacré*, d'un corps de cinq cents jeunes Carbonari d'élite, pour être employés ensuite comme officiers dans le cas d'un soulèvement général. Le 13 mars, discussion à l'effet de gagner une compagnie d'artillerie de la garnison de Vincennes pour s'emparer du château. Le 15 mars le comité directeur, apprenant la découverte de plusieurs complots dans l'Ouest, rend un ordre ainsi conçu : « Nous défendons à nos chers cousins d'exciter aucun attroupement et de résister à la force armée. Un ordonnance de police devant prescrire le dépôt des armes de guerre, nous enjoignons de les cacher soigneusement. »

« Tous ces faits, que nous pourrions multiplier à l'infini, ont un caractère si étrange, qu'on hésite d'abord à les recueillir, et qu'on les croit moins propres à figurer dans l'histoire de nos jours que dans les sombres aventures des flibustiers et des francs-juges. Et d'ailleurs, s'il faut l'avouer, ces faits auraient une apparence moins romanesque, moins extraordinaire, qu'on n'y croirait peut-être guère davantage. Dans tous les temps l'incrédulité s'est interposée entre les catastrophes politiques et les peuples qui en étaient menacés. Cette fatale propension à l'incurie s'explique aisément, car, d'une part, les vagues projets des partis ne sont pour le vulgaire que des éléments abstraits dont l'imagination ne saurait redouter les résultats, parce qu'elle ne les conçoit point, et l'on ne déplore qu'après l'événement ce qu'elles ont de calamiteux. Peu de personnes ont compris 89; mais quel cœur humain n'a pas gémi sur les crimes de 93, qui n'en étaient que la conséquence immédiate ! D'une autre part, il est d'autant plus difficile de prévoir une révolution, que chacun a secrètement un motif pour s'abuser soi-même ou pour abuser les autres. Ceux-là ne veulent pas croire au mal parce qu'ils ne veulent pas s'alarmer, ceux-ci parce qu'ils ne savent pas y remédier; les uns ne se soucient pas d'y croire parce qu'ils ne le voient pas tellement proche qu'ils puissent avoir à le redouter pour eux-mêmes ; les autres ne veulent pas qu'on y croie parce qu'ils ont des raisons pour le laisser arriver. L'égoïsme, l'insouciance, la faiblesse et la trahison ont donc un intérêt dans l'incrédulité.

« Aussi, dans tous les temps précurseurs de crises politiques, des voix fortes et généreuses ont-elles en vain gourmandé la léthargie des États et en vain retenti à l'oreille des peuples endormis sur le bord des précipices. Pour ne parler ici que de nos propres malheurs, n'a-t-on pas vu le 20 mars arriver sur la France qui, assoupie dans un scepticisme fatal, ne se réveilla qu'au bruit de la foudre, stupéfaite d'un événement qu'elle n'avait pas cru possible, malgré des avertissements manifestes ?

« Cessons donc de dédaigner les avis de la Providence.

« Nous vous avons dénoncé une conspiration que, depuis longtemps, la voix publique a qualifiée de permanente; nous vous avons appris comment cette conspiration était ourdie par un comité directeur agissant sur des sociétés secrètes. Il faut maintenant vous en donner les preuves. Si nous parlions ailleurs que dans une cour d'assises, où les preuves doivent avoir en quelque sorte plus d'évidence qu'il n'en faut à la conviction, serait-il donc besoin de faire tant d'efforts pour démontrer l'existence de ce comité directeur ?

« Et qui donc, en effet, aurait pu méconnaître l'action d'un comité dans cette tactique soutenue, où les plus simples découvrent un plan concerté par des chefs et suivi docilement par les agents subalternes, dans ces joies prophétiques, dans ces espérances menaçantes, dans cette arrogance prématurée, qui devancent de quelques jours les nouvelles fâcheuses pour les gens de bien et favorables pour les méchants; dans cette alternative de repos et d'agitation à laquelle se soumettent les factieux, selon qu'ils sont surveillés ou déjoués, afin d'endormir, par leur inaction momentanée, la vigilance de l'autorité, comme ces malfaiteurs nocturnes qui, craignant d'être trahis par le bruit de l'effraction, suspendent et reprennent tour à tour une œuvre criminelle?

« Qui aurait pu douter de ce comité directeur, en rapprochant telle pétition, tels articles, telles brochures, tels rassemblements, telles versions mensongères, de tels et tels événements se passant à quelques cents lieues de la capitale, et encore ignorés de tous ceux qui n'en étaient pas les complices? Qui aurait pu douter de son existence, lorsque, pour ainsi dire, il nous enveloppe dans son atmosphère, et qu'il exhausse de toutes parts les preuves d'une alliance méthodique et raisonnée, d'une solidarité immense, d'une assistance pécuniaire et déclamatoire?

« Mais, nous le répétons, les preuves morales ne suffisent point à des jurés; nous n'en cherchons pas non plus dans des rapports officiels ou dans la correspondance des autorités locales dont la lecture éterniserait cette audience. Les preuves que nous vous donnerons seront irrécusables, puisque les principes judiciaires les placent au premier rang : nous voulons parler de la chose jugée, des aveux des accusés eux-mêmes, des pièces trouvées en leur possession; telles sont, en effet, les hautes preuves qui découlent des procédures criminelles suivies à Aix, à Béfort, à Tours, à Bayonne, et surtout à Paris; preuves dont la réunion, établissant jusqu'au dernier degré de lumière tous les faits que nous avons articulés, formeront un foyer de conviction où les consciences les plus rebelles à l'ascendant de la vérité sentiront enfin se dissiper leur incertitude. »

Ici M. de Marchangy rappelle les diverses procédures suivies à propos des complots dont nous avons plus haut esquissé les principales péripéties. Il arrive ensuite au procès actuel; il expose à nouveau les faits que l'interrogatoire a mis en lumière. Il rappelle comment le 45ᵉ régiment de ligne organisa dans son sein une vente militaire dont le sergent-major Bories fut en quelque sorte le fondateur et le président; comment, en cette qualité, il communiquait comme député avec une vente centrale présidée par l'avocat Baradère, lequel communiquait avec la haute vente : « Lorsque, continue-t-il, Bories se fut assuré de ceux qu'il avait reçus Carbonari, il leur distribua des poignards qu'il avait reçus des cercles supérieurs. C'est sans doute un spectacle abject et déplorable que cette importation de poignards en France, que cette apostasie de l'honneur national. Ici, vous voyez, comme dans toutes les autres occasions, les discours des factieux démentis par leurs actions; car, tandis qu'ils ne cessent d'exalter la gloire militaire, ils voudraient la flétrir en imposant à nos guerriers l'arme des traîtres et des lâches. C'est ainsi qu'on vit leurs devanciers, durant la Révolution, pénétrer dans les camps sous le titre de proconsuls, pour y déshonorer la victoire par de froides atrocités. Dans ces temps de terreur et d'épouvante, les soldats osaient cependant refuser l'office de bourreaux; faut-il que, de nos jours, il s'en soit trouvé qui aient prononcé les serments et agréé le fer des assassins! Que cette honte soit leur première punition!

Le dîner d'Orléans.

« Cependant, plusieurs des accusés éprouvèrent une impression pénible en recevant ces poignards. C'est peut-être parce qu'il les vit inquiets et préoccupés que Bories fit sentir à la *vente* centrale le besoin de réconforter, par quelque moyen, leur esprit chancelant. Il en fut référé au comité directeur, qui vota une allocation de fonds. Ces fonds furent remis aux principaux membres de la vente militaire pour faire boire les soldats carbonari. A la faveur du vin, on leur tenait des discours propres à relever leur courage ; on leur disait que l'affiliation des Carbonari couvrait toute la France, et que les chefs les plus renommés composaient le comité directeur. Mais ces orgies et ces propos, loin d'exciter l'enthousiasme de la plupart des conjurés, leur causaient une sorte d'inquiétude, en leur faisant pressentir le moment prochain d'une action périlleuse où ils se précipitaient en aveugles. La crainte de se compromettre sans espoir de succès, et de se voir abandonnés à leurs propres forces dans une entreprise téméraire, les rendait incrédules et défiants.

« Le président de la vente du 45ᵉ fit un rapport à la *vente* centrale sur la position où il se trouvait; on y eut égard, et il fut résolu que, pour inspirer de la confiance aux membres de la *vente* militaire, on leur enverrait des députés de la vente centrale, chargés de les haranguer. Comme président, Baradère s'en chargea ; mais, soit qu'il craignît de donner une étendue trop excentrique à ses relations, et de multiplier ainsi les chances périlleuses ; soit que, tout orgueilleux de frayer avec les hauts et puissants personnages de la vente supérieure, ce jeune apôtre de l'égalité dédaignât de s'aboucher avec les Carbonari de la troisième classe, il fit nommer à sa place l'accusé Hénon, qui a déclaré lui-même avoir accepté, au refus de Baradère, la commission dont il s'agit.

« Il résulte des aveux d'Hénon qu'il chercha un local pour y réunir la *vente* militaire; il s'adressa à Gaucherot, marchand de vins, rue de la Montagne-Sainte-Geneviève, et lui demanda une chambre qui pût contenir une quinzaine de personnes. Les sous-officiers de la *vente* du 45ᵉ s'y rendirent par groupes séparés, prétextant que leur réunion avait pour objet un assaut d'armes, bien qu'ils n'eussent point de fleurets et qu'on n'ait entendu aucun bruit indicateur d'un pareil exercice. Les trois commissaires de la *vente* centrale vinrent de leur côté. Après avoir vidé quelques flacons, on aborda le véritable sujet de la réunion. Gauran et Rosé se félicitèrent de se trouver avec de braves militaires, et, à la suite de ce compliment, ils cherchèrent à monter l'esprit de leurs convives au ton du discours que l'orateur Hénon avait composé d'après les idées de Baradère.

« Hénon prit la parole. Il débuta par l'éloge obligé des armées françaises; il vanta la gloire dont elles se couvrirent en 1792, quand elles marchaient à la conquête de la liberté. Cette époque, où le principe de l'égalité ne fut imposé que le temps strictement nécessaire pour que la fortune et la puissance changeassent de place et devinssent, au détriment de ceux qui les possédaient, le partage des plus obscurs; cette époque où tout à coup grandissent tant de nouveaux personnages, devait plaire en effet à des auditeurs subalternes qui croyaient que, dans leur intérêt, une seconde révolution était indispensable. Après avoir ainsi captivé leur attention par son exorde, l'orateur mit sous leurs yeux le mémorable exemple des armées espagnoles qui, brisant le frein d'une discipline importune, avaient dicté des lois à leur souverain, à leur pays.

« Ces discours échauffèrent l'imagination des Carbonari.

« L'entrevue avait si bien réussi, que Bories désirait multiplier de pareils rapprochements pour électriser sans cesse les membres de la vente. Dans ce dessein, il conduisit un jour Goubin au Palais-Royal, où cet accusé, ainsi qu'il l'a déclaré, fut tout à coup entouré d'un essaim de Carbonari. Ces individus firent compliment aux deux militaires du bon esprit qui régnait dans leur régiment, appelé à l'honneur de concourir au mouvement insurrectionnel qui allait embraser les départements de l'Ouest.

« Le régiment devait partir peu de jours après. On avait donné de l'argent aux soldats; on avait donné des instructions à Bories et au capitaine Massias. Ce dernier, bien que n'agissant pas en apparence, n'en était pas moins resté en rapport avec les Carbonari des cercles supérieurs. Ceux-ci, voulant ménager la seule épaulette qu'ils eussent dans le 45ᵉ régiment, traitaient ce capitaine avec distinction; il était à leurs yeux une espèce de président honoraire.

« Armés de poignards, munis d'exhortations perfides, approvisionnés de toutes sortes de maximes révolutionnaires, les Carbonari de la vente militaire se mirent en marche avec leur régiment. Tous savaient qu'ils étaient engagés par un serment dans un complot dont le but était de changer le gouvernement; mais la plupart ignoraient quand ce complot devait éclater, et comment il éclaterait. Pour les instruire sur ce point, Bories imagina de les réunir à un dîner dans la ville d'Orléans, à l'auberge de la *Fleur de lys*. L'accusé Pommier a déclaré qu'il s'y trouva dix-neuf à vingt personnes. A la fin du repas Bories prit la parole : il dit qu'étant à la veille d'agir, il était important que tous les conjurés connussent bien le plan, le but et les moyens de la conspiration. Il leur rappela que le moment de vaincre ou de mourir pour la liberté était arrivé; que, selon toute apparence, le régiment n'irait pas jusqu'à la Rochelle et qu'il s'arrêterait après l'étape de Tours, c'est-à-dire à Sainte-Maure, où commencerait l'exécution; que la destination présumée du 45e était de se joindre aux insurgés du pays et de marcher sur Saumur, dont les portes lui seraient livrées par la garnison, qui était gagnée. Il ajouta qu'il attendait chaque jour ses dernières instructions. »

M. de Marchangy entre alors dans le détail des incidents qui se produisent d'Orléans à la Rochelle. « Enfin, continue-t-il, le régiment arrive à la Rochelle, où des commissaires du comité directeur ne tardent point à se rendre pour apporter le plan de la conjuration. De nombreux témoins et des aveux établissent qu'il s'agissait de faire main-basse sur les officiers, de se joindre aux Carbonari du pays, d'arborer le drapeau tricolore, et de marcher sur Saumur et de là sur Paris. Le jour était déjà fixé lorsque le complot fut connu.

« Le récit des faits relatifs à ce procès complète, ce nous semble, la démonstration de cette imposante vérité, qu'il existe en France des sociétés secrètes de *Carbonari*, gouvernées par un comité directeur, et travaillant sans relâche, sous ses ordres, à la destruction de la monarchie. C'est là, en effet, ce que tout homme sensé, dont l'engourdissement de l'indifférence n'a point encore émoussé le jugement, ne peut se refuser d'admettre, après tout ce que nous venons de prouver à ce sujet.

« En résumé, il y verra vingt complots calculés entre eux, et il en conclura qu'une puissance cachée a dû mettre en mouvement ces ressorts nombreux, tous ces rouages compliqués, et néanmoins soumis à une monstrueuse harmonie par une seule et même volonté; il verra les conjurés secondaires agissant simultanément, mais en différents lieux, tenir à leurs adeptes les mêmes discours, révéler les mêmes desseins, et indiquer le comité de Paris comme un Grand-Orient d'où partent la lumière et la foudre; il en conclura que cette identité de langage, de pratiques et de moyens ne peut provenir que d'un plan uniforme docilement exécuté; il y verra des êtres sans aïeux, sans ressources, pécuniaires étaler tout à coup des sommes considérables, faire des dépenses excessives, et répandre à grands frais des semences de corruption; il en conclura que ces agents obscurs sont soldés par de riches commettants; il en conclura encore que ceux-ci ne peuvent consentir à répandre leur or, et ceux-là à risquer leur vie, que pour des projets habilement conçus, et ayant quelques chances de succès.

« Telles sont les graves réflexions qui s'échappent de tant de faits, qui tous se coordonnent avec le système d'une conspiration permanente. Mais ces réflexions, qui devraient suffire pour vous pénétrer du danger imminent auquel se trouve exposée la société européenne, ne suffisent pas pour vous éclairer sur la culpabilité individuelle des accusés, et il s'agit maintenant de discuter, à l'égard de chacun d'eux, l'accusation qui vous est soumise.

« En jetant nos regards sur les accusés, pour rassembler contre chacun d'eux les charges qui s'élèvent des débats, nous sommes saisis d'une réflexion pénible. Nous ne voyons sur ces bancs que des militaires et des jeunes gens à peine à leur majorité, et nous nous rappelons qu'en effet, la faction osait fonder ses espérances et exercer principalement son prosélytisme sur l'armée et sur la jeunesse.

« L'armée est restée inébranlable, et si quelques soldats ont désiré trouver, dans le tumulte d'une insurrection, les chances illusoires d'un avancement; si, tournant contre la patrie des armes parricides, ils étaient prêts à servir les fureurs de ceux auxquels ils s'étaient vendus, tout le reste a repoussé avec indignation les propositions du parjure et les offres du déshonneur. Tous ont pensé que la gloire ne se trouvait que dans l'utilité et la discipline du courage, qui, livré à lui-même, n'était que le fléau d'une aveugle barbarie; ils ont pensé que ce courage épuré par la fidélité devait tout son éclat à cette noble vertu, que, par conséquent, il y avait autant de mérite à servir le roi au sein de la paix qu'au milieu des combats; puisque, dans le repos ou dans la guerre, on pouvait donner d'égales preuves de cette fidélité, lustre immortel de la bravoure, touchante garantie de la sécurité publique.

« Quant à la jeunesse, à Dieu ne plaise que nous laissions tomber sur elle d'inflexibles paroles et une sorte d'anathème! Moins coupable mille fois que ceux qui, de sang-froid, la trompent à leur profit, elle est à plaindre, sans doute, puisqu'elle est abusée. On l'a flattée pour l'empoisonner; nous voudrions la louer, au contraire, pour l'élever par le sentiment d'elle-même hors du piége où l'on songe à l'engager. Mais qu'importent les qualités qui la distinguent, si elles ne peuvent la prémunir contre les doctrines dévorantes qui la consument dans sa fleur? Nous vanterons, si l'on veut, en elle, cette soif de connaître, toujours recommandable, alors même qu'elle agrandirait la sphère de l'intelligence aux dépens du bonheur; nous vanterons en elle cette imagination qui, enhardie par les orages de nos révolutions, a pris son vol à un âge où naguère l'âme reposait encore dans la paix des illusions. Tous ces avantages de la jeunesse ne sauraient suppléer à la maturité du jugement, ni aux leçons de l'expérience. Même en ne l'exhortant ici qu'au nom de son intérêt personnel, ce serait déjà la servir que de l'engager à n'afficher une opinion que lorsqu'elle pourra en peser les conséquences. Elle ne sait pas encore ce qu'elle doit accueillir ou réprouver; elle ignore si, plus tard, sa raison, ses devoirs, ses alliances ne la forceront pas à rougir du parti qu'elle adopte sans discernement. Un jour viendra où son idolâtrie sera peut-être foudroyée devant ces paroles mémorables : « Brûle ce que tu as adoré, et adore ce que tu as brûlé ! » Pourquoi donc va-t-elle si vite au devant d'un repentir? Pourquoi aspire-t-elle à se préparer un triste sujet d'amende honorable et d'abjuration? Quel fanatisme l'entraîne dans une politique aride, que le plus beau privilége de son âge est de ne point comprendre, et qu'elle devrait, en effet, abandonner aux cœurs flétris que le dégoût a mis hors de la nature, où ils ne trouvent, pour dernier aliment, que de stériles abstractions et des sophismes glacés? Mais elle, à qui sont prodiguées toutes les promesses de la vie, pour qui va-t-elle sacrifier ces inappréciables trésors? Pour des hommes dont le premier soin, s'ils ressaisissaient le pouvoir qui porta l'empreinte de leurs mains sanglantes, serait de comprimer sous leur despotisme de fer cet impétueux essor qu'ils encourageaient quand il fallait détruire, et qu'ils redouteraient s'ils avaient à conserver le fruit de leur usurpation.

« Que la jeunesse se hâte donc de rompre la funeste alliance dont elle est à la fois l'instrument et la dupe; bientôt le mal serait irréparable. Déjà s'est altéré visiblement le caractère français, que rehaussaient naguère les grâces de l'urbanité et les vertus hospitalières. Déjà je ne sais quoi d'inquiet, d'amer et de sombre dénature ce caractère distinctif, qui était offert à tous les peuples comme le type de la civilisation. Chaque jour, une grossièreté d'habitudes et de langage succède au sentiment des convenances ; la modestie fait place à une présomption aveugle, qui heurte avec arrogance, et les dogmes de la religion, et les oracles de la vieillesse, et les volontés des lois. Une politique atrabilaire tend à isoler les peuples et les hommes, que ne resserre plus aucun lien commun. On se sert maintenant des lumières pour retourner à la barbarie, comme de ces flambeaux avec lesquels on descend dans les sépulcres et les abîmes.

« La jeunesse, qui tient pour ainsi dire dans ses mains les clefs de notre avenir, peut surtout concourir à perdre ou à sauver la société. Puissent nos conseils prévenir désormais ses écarts, et n'avoir plus besoin d'être fortifiés par des exemples de punition que notre ministère nous force à réclamer aujourd'hui ! »

M. de Marchangy arrive ensuite aux charges qui pèsent sur chacun des accusés. Il y en a, suivant lui, d'individuelles, il y en a de collectives. Celles-ci consistent surtout dans les aveux des prévenus, coïncidant avec les circonstances extérieures. « Ces aveux sont des preuves, en même temps, contre le révélateur et contre les tiers. Peu importe qu'on les rétracte ou qu'on les atténue à l'audience. Rétractations, atténuations, ce ne sont que combinaisons calculées de la défense, mensonges maladroits, aussi coupables que la faute elle-même.

« On cherchera, peut-être, à incriminer quelques-uns des révélateurs, à montrer en eux des agents provocateurs. Mais ces provocateurs prétendus ont été entraînés par ceux qui les dénoncent ; et, à l'exception d'un seul, ils n'ont révélé qu'après la découverte du complot.

« Autre charge collective, ces poignards, achetés, a-t-on dit, à un marchand d'habits qui passe, Bories les tenait de la vente centrale. Cette arme de la vengeance et du crime était destinée à lier les affiliés à un pacte infernal, à frapper leurs imaginations par un appareil dramatique et mystérieux. Le poignard, c'est le diplôme de l'affiliation à la secte des *Carbonari*.

« Les charges individuelles du procès établissent entre les accusés des nuances distinctes. Les uns, comme Baradère, participent, en quelque sorte, de la réserve mystérieuse des membres du comité directeur ; ils se contentent de pousser les autres au crime, effaçant soigneusement les traces de leur propre complicité. Mais Baradère a été dévoilé par Pommier, qui a montré en lui le président de la vente *Washington;* par Hénon, qui a confirmé les dires de Pommier. En vain Hénon a rétracté ses aveux, accusant un honorable magistrat qu'il n'est pas besoin de défendre. Hénon s'avouait coupable, a-t-il dit, pour conquérir sa liberté. Que cela est absurde ! Et d'ailleurs, cette liberté, on ne la lui rend pas, et il persiste dans ses aveux. Hénon dit encore qu'il s'est sacrifié à Marcel ; mais Marcel n'a été un moment impliqué dans cette affaire que sur la dénonciation d'Hénon lui-même.

« Gauran et Rosé sont encore convaincus par la déposition de l'aubergiste Gaucherot. On a trouvé chez Gauran les vingt-cinq cartouches exigées de tout *carbonaro*. En vain témoin Recurt prétend tenir ces cartouches de soldats licenciés de l'armée de la Loire ; les militaires n'ont pas des cartouches de poudre fine.

« Parmi les accusés mystérieux dont l'attitude décèle les rapports avec le comité directeur, il faut compter encore un personnage presque impalpable, qui a plutôt glissé qu'il ne s'est arrêté sur la conspiration : c'est le capitaine Massias. Il était un des initiés, cela est de notoriété dans le 45e, et cela résulte des déclarations de Goubin, de Raoulx, de Goupillon et de Pommier ; ses opinions étaient suspectes, et il était, pour son colonel, un objet de défiance. Massias a avoué lui-même que deux personnes vinrent le trouver, la nuit, à son logement de Tours; que Bories lui demanda s'il n'était point chargé de quelque chose pour lui, ce qui le surprit, dit-il; pas assez cependant pour lui faire exiger une explication. Dès l'abord, Massias nie tout; il n'a rien entendu, rien compris de tout ce qui se passait de singulier autour de lui. Plus tard, changeant de système, il a tout entendu, tout compris, mais il a trouvé tout naturel, même la démarche mystérieuse de Bories, même les deux lettres de Goubin. L'indifférence de Massias, ses explications équivoques, tout cela est bien transparent.

« Voilà les accusés dont la conduite est environnée de nuages : Baradère, Gauran, Rosé, Massias, marchent dans les ténèbres. Mais les autres accusés sont en pleine lumière : c'est Bories, chef de la conspiration, fondateur de la vente militaire, désigné comme tel par tous ceux qu'il a entraînés avec lui, député à la vente centrale, distributeur de poignards et d'argent, corrupteur convaincu par les crimes de ceux qu'il a séduits, comme par la résistance de ceux qu'il n'a pu faire tomber dans l'abîme. Il a tracé la marche à tous ses coaccusés : d'abord il avoue; puis il invente l'inadmissible explication de la société philanthropique.

« Goubin, outre ses propres aveux, est signalé par ses camarades comme un des membres les plus actifs de la Charbonnerie; il a embauché quatre d'entre eux; il a proposé ou distribué des poignards, et on en a trouvé dans son lit. Il a suppléé Bories auprès des députés de la vente centrale; il a jeté ses aveux aux gendarmes qui l'ont conduit de la Rochelle à Paris.

« Pommier marche sur les traces de Goubin; il avait comme lui la confiance de Bories; il a recruté huit complices à la société; il a été en rapport avec les commissaires de Paris. Arrêté, il s'évade un instant et veut qu'on lui tienne compte de son retour à la prison, comme d'une preuve d'innocence, comme s'il n'avait pas fallu qu'il revînt notifier le contre-ordre à ses complices. C'est Pommier qui avait été constitué dépositaire des poignards, et il en portait habituellement un sur lui; il avait une provision de cartouches dérobées au dépôt de la Rochelle.

« Raoulx, élève de Bories, de Goubin et de Pommier, a avoué aussi son affiliation. Perreton, Bicheron, déclarent avoir été embauchés par lui; il a distribué, montré des poignards, et on a trouvé une de ces armes et dix cartouches dans la paillasse de son lit. Il a assisté à la réunion du *Roi Clovis*, à celle de la *Fleur de lys;* il a fraternisé à Niort avec les Carbonari de la ville. Ses aveux, les déclarations de ses complices prouvent tous ces faits. C'est enfin Raoulx qui a cherché à faire évader Pommier.

« Quant à Goupillon, il a sans cesse offert, avant comme pendant les débats, le spectacle étrange d'un homme qui passe alternativement des effusions du repentir aux dénégations les plus opiniâtres, des larmes aux déclamations, et de l'allure pathétique d'un cœur vraiment pénétré à toutes les diatribes de l'esprit de parti. L'énigme de cette conduite est trop facile à deviner. Goupillon, laissé à lui-même, est susceptible de revenir au bien et à la vérité, il éprouve aisément des remords, il les manifeste par des pleurs abondants, il cherche le sein d'un ami ou d'un protecteur pour y verser les secrets douloureux qui déchirent sa conscience; puis, tout à coup, la crainte d'être frappé par le poignard de ses complices vient glacer ses bonnes dispositions. Un individu si versatile dans ses émotions, si chancelant et si faible dans ses résolutions, a dû se laisser aisément intimider par ses complices; il a dû, en leur présence, sentir renouveler toutes les angoisses de la terreur qui l'avaient tant de fois assailli, alors qu'il hésitait. Vous ne devez donc pas être étonnés de l'avoir vu, à cette audience, adopter aveuglément le système de dénégation où se renferment les accusés. Mais, bientôt, il est revenu devant vous à ses larmes, à son repentir, et il a reconnu que ses premières déclarations contenaient la vérité; il n'y a mis de restriction que quant à la date du jour où le complot devait éclater. Dans l'intervalle des audiences, il est vrai, Goupillon a été réconforté pour le mensonge; les menaces de ses complices l'ont ramené à des dénégations, qui se sont de nouveau dissipées par degrés à l'audience du lendemain; toute sa défense, enfin, n'a été qu'une alternative de mensonges et d'aveux. Quoi qu'il en soit, il résulte des débats que Goupillon avait confié son secret à Choulet, et qu'il l'a révélé dans dix interrogatoires. Les déclarations de Pommier, les accusations portées à l'audience par Goubin et Pommier, suffiraient seules, d'ailleurs, à démontrer la culpabilité de Goupillon. Et ces accusations mêmes, est-ce qu'elles ne prouvent pas autant contre Goubin et contre Pommier? Si Goupillon est venu dire à ce dernier : « Il faut attaquer cette nuit, ou nous sommes perdus; » si Goupillon a proposé, à la réunion de Lafond, de s'emparer des officiers, de mettre le feu aux casernes, c'est donc qu'il y avait un complot, complot près d'éclater!

« Asnès et Bicheron ont été reçus *carbonari*. Ils étaient à la réunion du *Soleil d'or*, et ils ont dérobé les clefs qui devaient ouvrir à Pommier les portes de sa prison; tous deux ont été trouvés possesseurs de poignards.

« Telles sont, conclut M. de Marchangy, les charges individuelles relevées contre les accusés de cette catégorie. Sont-elles suffisantes pour les faire déclarer coupables de complot et d'excitation à la guerre civile? On dira peut-être : Mais il n'y a pas culpabilité là où il n'y a pas eu attentat, c'est-à-dire commencement d'exécution. Déplorable erreur! Dans les crimes ordinaires, la loi n'assimile la tentative du crime au crime lui-même que si elle a été manifestée par des actes extérieurs, suivis d'un commencement d'exécution, et si elle n'a été suspendue ou n'a manqué son effet que par des circonstances indépendantes de la volonté de son auteur. Mais ces conditions ne sont point nécessaires quand il s'agit de complot, et il n'est pas besoin, pour que ce complot soit un crime et pour qu'il soit punissable, qu'il y ait tentative manifestée par des actes extérieurs et arrêtée par un événement étranger à la volonté des conjurés. Les termes de la loi sont formels. En statuant avec cette mâle sévérité, le législateur s'est élevé à de hautes considérations. Et d'abord il a pensé qu'il y a une partie du mal opérée, même par le simple projet de conspirer. En effet, toute résolution de conspirer suppose un embauchage moral et un travail de perversité. L'édifice social n'est point renversé, mais le terrain est miné; le sang n'a point coulé; mais qui nous dira dans combien de cœurs on a répandu le venin, et quel peu d'efforts il faudrait encore pour achever de ruiner une foi chancelante?

« Il y a plus : un gouvernement ne peut trouver sa sûreté que dans la punition des résolutions de complot; car il serait sans capacité pour réprimer la consommation du complot dont le succès aurait, pour premier effet, de substituer un nouvel ordre de choses, sous lequel, ce qui la veille était criminel, ne manquerait pas le lendemain de défenseurs et d'apologistes. Où est la possibilité d'atteindre des criminels qui trouvent, dans l'exécution même de leur crime, sauvegarde et protection? Quand un complot a réussi, ce n'est plus au conspirateur à trembler, c'est à l'autorité légitime. Nos récentes annales en offrent de tristes exemples. Pour n'avoir pas puni les simples résolutions d'agir, on fut plus d'une fois réduit, de nos jours, à subir l'ignominie d'une puissance usurpée.

« Disons-le donc : le législateur doit surtout frapper le projet de complot, parce que le crime, s'il était consommé, échapperait à la vindicte publique, et se ferait absoudre et couronner par une aveugle fortune. Mais s'il eût été illusoire de ne déclarer punissable que la consommation du complot, c'est-à-dire le succès du crime, il eût été imprévoyant de ne qualifier de crime que le complot accompagné d'attentat; car, entre le complot, c'est-à-dire la résolution d'agir, et l'attentat, c'est-à-dire l'acte commis pour parvenir à l'exécution du crime, il y a un immense intervalle, dont la malveillance aurait pu prendre possession pour y concerter son plan d'attaque, y rassembler les éléments combustibles, et le tout sans craindre la loi, attendu qu'on n'aurait pas encore apporté la flamme qui doit causer l'embrasement, et qui, seule, pourrait être considérée comme le commencement d'exécution.

« Les intérêts de la patrie sont donc trop gravement compromis, lorsqu'il s'agit de complot, pour que la loi puisse se fier à ses règles ordinaires; elle a dû en proclamer de spéciales, capables d'intimider les conjurés, et voilà pourquoi elle punit également ou le complot, ou l'attentat résultant du complot.

« Or, dans la cause il y a eu complot, c'est-à-dire résolution concertée entre plusieurs personnes : il s'agissait de changer l'ordre de successibilité au trône, d'exciter les citoyens à la révolte. Il suffit d'un de ces projets pour qu'il y ait complot. »

Ce principe posé, M. de Marchangy discute les charges qui, d'après lui, pèsent sur la seconde catégorie des accusés, et il arrive, à propos des non-révélateurs, à développer la théorie suivante, qui eut du succès à cette époque, mais dont la législation, mieux éclairée, a fait plus tard justice.

« Le délit de non-révélation, nous le savons, dit-il, est un de ceux qu'une fausse philanthropie affecte de prendre sous sa protection; et, depuis quelque temps, on s'efforce de faire considérer les révélations comme de lâches complaisances envers le pouvoir. A la vérité, la plupart de ceux qui tentent d'accréditer ce dangereux paradoxe ont leurs raisons pour en agir ainsi : de même qu'ils demandent l'abolition de la peine de mort pour les délits politiques, afin de conspirer plus commodément, de même aussi ils veulent proscrire les révélations, pour que les complots soient plus rarement découverts. On objecte que de pareilles opinions ont pu être professées par des citoyens estimables et amis de leur pays. Eh bien, s'ils aiment leur pays, ces citoyens, par quelle étrange contradiction repoussent-ils de leurs dédaigneux préjugés ceux qui peuvent le sauver d'un péril imminent en divulguant des machinations criminelles? Comment mettent-ils en balance le salut de l'Etat avec leur compassion irréfléchie pour l'être odieux dont l'ambition a besoin des désastres publics et des guerres civiles? On regarderait comme un complice celui qui laisserait brûler la mèche dont la flamme va bientôt allumer l'incendie, et l'on voudrait protéger celui qui laisse ourdir un complot dont le but est de bouleverser le royaume !

« Remarquons ici la confusion des notions du bien et du mal, et une sorte de rétrécissement de conscience qui n'admet pas les mâles devoirs, qui mutile les grandes obligations pour les proportionner à une défaillance morale, que l'on ose décorer du nom d'humanité. Pour dissimuler encore davantage cette déplorable extinction de l'esprit national, ou plutôt pour isoler le pouvoir de toute affection et le mieux livrer aux coups des factions, les maîtres des doctrines nouvelles ont prétendu que c'était à ce pouvoir à se maintenir comme il l'entendrait ; que l'exécution des lois et la découverte des complots étaient son affaire et non celle des citoyens qui payaient pour être gouvernés. Voilà donc à quoi les nouveaux publicistes ont réduit l'amour de la patrie ! Le pouvoir n'est pas un impôt, une charge publique, c'est une condition de la vie sociale ; c'est une mise en communauté, pour le profit général, de toutes les volontés et de toutes les forces individuelles : on ne peut donc en retirer ce qu'on y a mis sans renoncer à toute existence civile. Qu'importe qu'un pouvoir soit institué, s'il est trahi et délaissé par l'indifférence des citoyens? Qu'importe que les lois soient proclamées, si chacun peut en amortir l'exécution par des préjugés et des opinions arbitraires? La sagesse de tous les peuples a dit : *Que le salut de l'Etat soit la loi suprême;* et, aujourd'hui, on querelle le législateur d'avoir fait quelque chose pour le salut de l'Etat !

« Il est trop commun, en de pareilles causes, d'entendre les défenseurs traiter de disposition immorale l'obligation de révéler. Dans leur zèle irréfléchi ils assimilent les révélateurs obligés à ces vils délateurs que repoussaient avec mépris les Trajan et les Titus... Les délateurs sont ceux qui, sans y être engagés par la loi, découvrent un fait particulier, plutôt pour satisfaire leur haine que dans l'intérêt de la chose publique : les révélateurs, au contraire, sont ceux qui divulguent ce qui doit être divulgué au nom de la loi et de la sûreté générale. Le délateur est celui qui, sans devoir ni mission, indique le refuge d'un proscrit ou trahit les épanchements de l'amitié. Le révélateur garde le silence sur tout ce qui ne compromet point la sûreté de l'Etat.

« D'ailleurs, dans le procès qui nous occupe, il n'est pas, peut-être, un des prévenus de non-révélation qui n'ait à s'imputer quelque chose de plus que le silence. Tous ont fait partie de la secte des *Carbonari*. »

M. de Marchangy réclame donc contre eux l'application de la loi. Puis il termine son réquisitoire par la péroraison suivante, à laquelle il ne sera pas déplacé de reprocher au moins une certaine emphase.

« L'accusation est épuisée, et cependant, messieurs les jurés, on se demandera peut-être si notre tâche est remplie, quand la puissance mystérieuse et cachée que nous avons tant de fois signalée dans le cours de ces débats comme la source de tous les désordres, est encore à l'abri des foudres de la justice, et trame peut-être de nouvelles conjurations? Oui, messieurs, notre tâche est remplie, puisque nous avons rendu compte à la loi des seuls accusés qu'elle nous avait livrés, et qu'en attaquer d'autres, lorsque nous n'avons point mission à cet égard, ce serait sortir de nos fonctions, et tomber du devoir dans l'arbitraire : il nous suffit d'avoir brisé la pierre de l'antre, et fait pénétrer la lumière à travers les intrigues ténébreuses des conspirateurs ; il suffit d'avoir indiqué leurs pratiques, leurs moyens de corruption. Ce serait sans doute un triomphe éclatant pour la vindicte publique, si les chefs d'un comité suborneur étaient judiciairement connus et punis; mais ce serait une victoire encore plus désirable, parce qu'elle serait plus décisive, si, dans l'impossibilité d'atteindre ces individus, on s'attachait à détruire les principes qui font leur crédit, leur force, leur audace. Celui qui arrête la tempête ne s'adresse pas aux flots, mais aux vents qui les agitent : de même le législateur, qui veut en finir avec les révolutions, ne s'attache point aux effets, mais à leur cause ; la question est moins dans les personnes que dans les choses. Si l'état d'allanguissement où se traîne l'Europe entière ne changeait pas ; si l'on ne trouvait point à remplir, par une grande création, ce vide immense où s'égarent les esprits, ce néant social où rien ne parle fortement à l'âme, qu'importerait au salut de la patrie la disparition de quelques êtres pervers ? Le reste de la génération n'en respirerait pas moins un air contagieux. La justice peut bien réprimer les égarements isolés et les désordres partiels ; mais si l'épidémie devenait générale, elle serait insuffisante. Si, au contraire, le secret de la vie politique était retrouvé, les perturbateurs n'attendraient pas l'action des tribunaux, et reviendraient bientôt à l'ordre...

« Si nous osons nous abandonner à ces réflexions, c'est que la cause qui sort elle-même des bornes judiciaires pour répandre un intérêt lumineux sur la situation européenne, nous en fournit naturellement le sujet. Lorsqu'en effet nous voyons une jeunesse ardente se plonger toute vive dans l'ombre des sociétés secrètes, se soumettre aux ordres absolus d'une hiérarchie invisible et souscrire contre elle-même des serments qui peuvent devenir des arrêts de mort ; lorsqu'elle choisit par goût ce que le plus rigoureux despotisme craindrait de lui infliger, ne prouve-t-elle pas assez combien le cœur humain est fait pour la discipline et le servage des devoirs, puisqu'il cherche, jusque dans l'erreur et dans le crime, le simulacre de quelque institution qu'il eût accueillie avec transport, si elle lui eût été préparée dans le sein de la morale et de la vertu ? Oh ! que ce serait un noble et imposant spectacle que de voir, au faîte de la civilisation, d'où les empires tombent et s'écroulent, une monarchie toute chargée de glorieux souvenirs, méditer une nouvelle ère de force et de prospérité, là où les anciens peuples n'ont trouvé que la corruption et la mort ! »

Après le réquisitoire, la parole fut donnée aux défenseurs. M⁰ Berville plaida pour Baradère.

M⁰ Barthe, qui plaidait pour Gauran, s'attacha à faire justice des longs et menaçants préludes dans lesquels l'accusation s'était complue. Il combattit surtout le caractère des preuves à l'aide desquelles l'avocat général prétendait former la conviction des jurés. « Les jurés, s'écria-t-il, n'ont point à prononcer sur ce qui n'a pas été dit devant eux ; on ne saurait les contraindre à déserter les débats publics, pour descendre dans le cabinet d'un juge d'instruction ou d'un préfet de police, et pour aller chercher dans les actes clandestins de ces magistrats une conviction que les débats ne leur ont point donnée. »

Examinant ensuite quelle valeur peut avoir un aveu fait par l'accusé avant l'ouverture des débats, il démontra, en quelques mots, la supériorité sur la nôtre de la procédure anglaise où, lorsqu'un accusé veut plaider non coupable, l'accusation ne peut plus invoquer contre lui des aveux arrachés par l'instruction.

M⁰ Mérilhou, avocat de Bories, présenta ensuite la défense de son client. Après avoir répondu, ainsi que l'avait fait M⁰ Barthe, mais en se plaçant à un autre point de vue, aux généralités du ministère public, il s'exprima ainsi :

« Bories a vingt-sept ans ; voué de bonne heure au métier des armes, il était sous-officier dans l'ancienne armée. A Waterloo il fut blessé. Rentré dans ses foyers, il reprit bientôt du service dans la garde royale, passa comme sergent-major dans le 45⁰ régiment, et, après avoir tenu garnison au Havre, il vint avec son corps à Paris, le 18 avril 1821, et en partit le 21 janvier 1822 pour la Rochelle. C'est son séjour à Paris que l'on veut indiquer comme l'occasion de son initiation dans une conspiration contre l'Etat. A cette occasion le ministère public s'est montré, plus qu'en aucune autre partie de la cause, prodigue d'assertions et avare de preuves. Bories, dit-il, est devenu à Paris le commissaire du comité directeur pour initier au complot le 45ᵉ régiment.... Comité directeur! puissance redoutable parce qu'elle est inconnue! Ce nom mystérieux doit-il frapper aujourd'hui de terreur les imaginations européennes, comme jadis le sortilège et la nécromancie! Aux raisonnements, aux absurdités, aux impossibilités, on répond d'un seul mot : le comité directeur, et la raison doit se taire, et tous les doutes sont dissipés! D'abord, qu'est-ce qui prouve l'existence d'un comité directeur? »

Et l'avocat démontrait sans peine que, malgré toutes ses foudres d'éloquence, le ministère, sur ce point, en était réduit à de simples conjectures. Puis il reprenait :

« Pendant son séjour à Paris, qui n'a été que de neuf mois, Bories a presque toujours été malade. Atteint d'une fièvre continue, entré deux fois à l'hôpital, d'où il n'est sorti la dernière fois que le 24 novembre, comment aurait-il eu le temps de se livrer aux manœuvres vastes et persévérantes qu'exige le titre de chef de complot? Pendant ce temps, on ne peut citer de lui aucune démarche équivoque, aucune dépense qui surpasse ses facultés, aucune liaison qui justifie l'accusation. »

Mᵉ Mérilhou concluait, en conséquence, à l'acquittement de son client, et, faisant allusion aux paroles de l'avocat général, il ajoutait :

« Toutes les puissances oratoires ne le sauveront pas, dites-vous? Qui vous l'a dit? Qui vous a initié au secret des jurés? Et pourquoi anticiper ici avec tant de chaleur sur un moment dont l'approche devrait vous plonger dans une religieuse tristesse?

« Bories n'échappera pas, dites-vous? Pourquoi prophétiser l'échafaud avec tant d'assurance?... Les prédictions du ministère public resteront vaines, je l'espère; Bories sera sauvé; j'en atteste la conscience de MM. les jurés. Ce n'est pas à la puissance oratoire de son défenseur qu'il devra son salut, c'est à la simplicité de sa défense; c'est aux absurdités que l'accusation traîne à sa suite et contre lesquelles vous la voyez se débattre vainement. Bories sera sauvé, et c'est à vous qu'il le devra; car, après quinze jours de débats et une instruction de six mois, vous n'avez pu trouver un corps de délit, pas un témoin qui déposât contre lui. L'opinion du ministère public ne pèsera pas plus dans la balance de la justice que le vœu que je fais, que l'espoir non moins sincère où je suis que, sur des présomptions frivoles, sur des faits étrangers à Bories, sur des témoignages intéressés, vous ne condamnerez pas ce jeune homme si distingué par ses vertus privées, sa bonne conduite militaire et la tendre affection de ses compagnons d'infortune, et que vous ne ferez pas couler sur l'échafaud un sang qui, jeune encore, a coulé noblement et coulerait encore, s'il le fallait, sur le champ de bataille, pour le prince et pour la patrie! »

Ce discours, prononcé avec une profonde conviction, produisit une impression considérable. Mᵉ Chaix d'Est-Ange, qui en était presque à ses débuts au barreau et qui devait plus tard devenir le chef du parquet de la cour de Paris, prit, après Mᵉ Mérilhou, la parole; il plaidait pour Bicheron. Sa tâche était moins lourde que celle qui était incombée à son confrère : il faut toutefois rendre cette justice à Mᵉ Chaix, dans cette occasion, il fit preuve d'une éloquence émue en même temps que pleine de souplesse et de ressources; sous cet accent tour à tour convaincu ou railleur, l'auditoire se sentit remué; le jeune avocat sut enfin se concilier la cour et les jurés, qui acquittèrent son client.

« Messieurs les jurés, dit-il, de jeunes militaires sont devant vous sous le poids d'une accusation capitale. Défenseurs de la patrie, ils ont besoin d'être défendus à leur tour, et ceux qui, un jour, sauront braver pour nous les périls de la guerre, nous appellent en ce moment à leur secours. Cet appel, nous y répondrons; notre zèle ne fera pas défaut à de pareils clients. Oui, nous élèverons la voix en faveur de ceux qui, bientôt peut-être, iront verser leur sang pour notre cause; et nous saurons combattre pour eux, comme ils sauraient mourir pour nous!...

« Si mon client est un conspirateur, il faut convenir du moins qu'il ne semblait pas né pour conspirer; et certes, lorsqu'après avoir tiré à la milice, il a quitté sa charrue pour endosser l'uniforme, il aurait été bien étonné si quelque sorcier de son village lui avait prédit que le nom du pauvre soldat Bicheron deviendrait un jour fameux et attirerait sur lui l'attention de la France entière. Voilà cependant qu'une déplorable célébrité lui arrive! Voilà qu'après avoir reposé longtemps dans sa paisible obscurité, il se réveille tout à coup sur les bancs de la cour d'assises sous la menace d'une accusation capitale....

« Que reproche-t-on cependant à Bicheron? D'avoir assisté au dîner d'Orléans et au dîner de Lafond; car il semble que ce complot s'organise d'étape en étape, de dîner en dîner.... Si Bicheron a prêté des serments, ils sont assurément moins terribles que ceux des francs-maçons; s'il possédait un poignard, les maçons en ont aussi; j'en possède un moi-même, et le voici, dit-il, en tirant de sous sa robe et en élevant devant les yeux des magistrats et des jurés stupéfaits un charmant petit poignard.

« C'est, comme vous le voyez, messieurs, un emblème qui n'a rien que de bien innocent. Je vous assure même qu'en touchant cette arme tragique, je ne conçois ni ces pensées sombres, ni ces émotions surnaturelles dont parlait M. l'avocat général dans son réquisitoire. Je vous assure qu'elle n'a jamais troublé mon sommeil, ni mon cœur. »

Et tout le monde de sourire, les jurés comme la cour, au risque de rendre désormais ridicules ces phrases pompeuses du réquisitoire sur les poignards et leurs conséquences morales. Puis l'avocat, discutant les aveux reprochés à Bicheron, atténue l'importance que leur a donnée l'accusation. « Des aveux! s'écrie-t-il, comme s'il fallait toujours s'en rapporter aux aveux des accusés! » Et il cite, à l'appui de sa thèse, un ancien arrêt condamnant un paysan possédé, d'après son propre aveu, du diable et du loup-garou. Il termine ainsi :

« Quelle étrange contradiction entre cette formidable accusation et ces malheureux accusés! Et qu'y a-t-il de commun entre les faits que l'on raconte et les hommes que l'on poursuit? De quoi nous parle-t-on dans cette affaire? Le fléau de la civilisation menace d'envahir, de dévorer le monde. C'est lui qui a engendré ces sociétés secrètes; ces sectes mystérieuses qu'ignoraient sans doute la simplicité des temps passés et l'innocence des siècles de barbarie; ces sociétés, elles se répandent, elles se propagent en tous lieux. Rappelez-vous les paroles du ministère public : Chez vingt nations diverses, depuis les Apennins jusqu'au Bosphore, depuis Lisbonne jusqu'aux bords de l'Orénoque, partout pénètre leur influence, partout s'infiltre leur séduction malsaine. Cependant la France, plus civilisée et par conséquent plus coupable, marche la première à ce rendez-vous de l'abîme; c'est dans son sein que s'agitent les séditions et les complots qui vont désoler le monde, c'est là que, sous la surveillance la plus ombrageuse, un gouvernement occulte est organisé au sein d'un gouvernement légal; c'est là qu'on élève autel contre autel, puissance contre puissance; c'est là que réside enfin le comité directeur!

« On le connaît sans doute, puisqu'on en parle sans cesse, et, dans une accusation capitale, tout doit être prouvé, et chaque parole du magistrat accusateur doit être religieusement méditée. On le connaît! Où est-il donc ce comité directeur? Où sont-ils ces hommes puissants et ces redoutables conspirateurs qui, depuis plusieurs années déjà, ont épouvanté le monde et menacé la coalition de l'Europe? Je vous le demande, messieurs, quels sont-ils? Choisissez : voilà le soldat Lefèvre et le fusilier Bicheron ! »

Puis Me Chaix d'Est-Ange termine sa plaidoirie au milieu des sourires approbateurs.

M. le Président, cependant, ne peut s'empêcher d'intervenir. « La cour, dit-il au jeune avocat, vous a entendu avec intérêt, et je n'ai pas voulu vous interrompre. Mais je dois vous rappeler que l'art. 314 du Code pénal punit d'une amende de 16 fr. à 200 fr. le port d'armes prohibées. Or, vous venez de vous avouer possesseur d'un poignard; je vous invite à le déposer sur le bureau. »

Me Chaix. — Je vais, monsieur le président, vous donner une explication bien simple. Mon père était franc-maçon; je le suis moi-même....

M. le Président, avec bienveillance. — Nous pensions bien que vous ne faites pas un usage habituel de cette arme.

Me Chaix. — Oh! non. Je ne l'ai apportée que pour les besoins de la cause. Les francs-maçons ont des poignards, et j'ai seulement voulu prouver ce fait, parce qu'il a été contesté par M. le président, qui peut-être n'est pas franc-maçon.

M. le Président, toujours bienveillant. — Je vous invite cependant à n'en faire usage que dans l'intérieur de la loge.

Après cet incident, qui avait quelque peu déridé de sombres préoccupations, la parole fut donnée à Me Mocquart, chargé de la défense du capitaine Massias, à l'égard duquel M. de Marchangy, bien contre son gré, mais en présence de l'inanité des preuves recueillies, avait à peu près abandonné l'accusation. La tâche était donc facile; Me Mocquart la remplit toutefois avec élévation, chaleur et dans une forme excellente.

Après lui, Mes Visinet, Renouard, Vidalin, Carré, Dequevauvilliers, Plougoulm et Thorel de St-Martin, chargés de la défense des autres accusés, furent tour à tour entendus. Tous ils se montrèrent à la hauteur de la mission qu'ils avaient acceptée, éloquents, énergiques, parfois railleurs, toujours spirituels.

Les plaidoiries étaient terminées. L'audience du 4 septembre fut consacrée aux répliques, tant de l'avocat général que de certains défenseurs. M. de Marchangy y déploya contre Bories la plus extrême ardeur.

« Quant à Bories, s'écria-t-il, toutes les puissances oratoires ne pourraient l'arracher à la vindicte publique, et l'accusation persiste à voir, dans ce chef de la vente militaire, le plus coupable de tous les conjurés. On voudrait circonscrire son influence et la faire à la fois naître et expirer au dîner d'Orléans. Non, non, le crime de Bories ne s'arrête pas là; il vient de plus loin et va plus avant. N'est-ce donc pas lui qui a soufflé en quelque sorte l'esprit du carbonarisme sur une partie de ce régiment, qui était tout entier si pur et si fidèle? N'est-ce pas lui qui sortit du repaire de cette association secrète avec des poignards dont il arma ses adeptes ?

N'est-ce pas lui qui allait chercher les ordres criminels dans cette vente centrale où Hénon l'a connu, où Pommier l'a remplacé plusieurs fois ? N'est-ce pas à sa requête que Baradère et Hénon composèrent cette harangue prononcée par ce dernier pour donner l'exemple et la dernière impulsion à des soldats parjures ? N'est-ce pas lui qui, peu de jours après, ainsi que le déclare Goubin, s'entretint au Palais-Royal avec plusieurs carbonari sur l'insurrection prochaine et toutes les ressources des conjurés ?

« Voilà, voilà les faits qui tous doivent darder leur lumière foudroyante sur la réunion d'Orléans, où dès lors Bories paraîtra ce qu'il était véritablement, un révolté donnant l'ordre du jour à ses complices, et leur apprenant que le moment de l'exécution approchait, et qu'il recevrait bientôt ses dernières instructions. »

Avant de clore les débats, le président, dont l'impartialité pendant tout le cours de ce procès fut digne d'éloges et mérite d'être citée comme modèle, demanda à chacun des accusés s'il n'avait rien à ajouter à sa défense. Quand ce fut au tour de Bories, il se leva, et, se tournant vers les jurés : « Messieurs les jurés, dit-il avec calme, vous avez entendu l'acte d'accusation ; vous avez été témoins des débats, et vous savez s'ils ont rien produit qui justifie la sévérité du ministère public à mon égard ; vous avez été sans doute étonnés d'entendre hier M. l'avocat général prononcer ces paroles : « Toutes les puissances oratoires ne sauraient arracher Bories à la vindicte publique. » M. l'avocat général n'a cessé de me présenter comme le chef du complot... Eh bien ! messieurs, j'accepte ; heureux si ma tête, en roulant sur l'échafaud, peut sauver celle de mes camarades ! » (*Mouvement d'effroi au barreau.*)

M⁰ Mérilhou se lève, saisit son client dans ses bras, le fait se rasseoir et, d'une voix altérée par l'émotion :

« Magistrats et jurés, vous tous également appelés à prononcer sur le sort de Bories, vous venez d'entendre de la bouche même de ce jeune accusé ces paroles graves et solennelles dont le souvenir caractérisera ce procès dans l'histoire : « Le ministère public m'a désigné comme chef d'un complot ; eh bien ! j'accepte cette qualification, pourvu que ma tête, en roulant sur l'échafaud, sauve celle de mes camarades. »

« Messieurs les jurés, ces accents sont nouveaux dans cette enceinte, où, d'ordinaire, les accusés luttent entre eux pour conserver la vie et non pour se la sacrifier les uns aux autres. Je ne sais quels sentiments ce spectacle a pu soulever au fond de vos cœurs. Quant à moi, attendri et troublé par mille pensées diverses, je ne puis que vous dire que celui-là est digne de conserver la vie, qui ne craint pas de l'offrir pour ses frères d'armes, et qui demande de sceller de son sang leur innocence et leur salut.

« Mais vous, ministres de la loi, vous n'êtes pas ici pour sanctionner par vos suffrages l'exaltation de l'amitié ; vous n'êtes pas ici pour contresigner des capitulations homicides ; vous êtes ici pour faire bonne justice à tous et juger chacun selon ses œuvres. Vous jugerez donc Bories d'après les éléments du procès, d'après les explications qu'il vous donne ; vous n'écouterez comme des preuves ni le vœu de la partie publique qui demande sa tête, ni le consentement de l'accusé qui l'abandonne. N'écoutez pas, vous crie la loi, n'écoutez pas l'accusé qui veut mourir ; ne vous rendez pas complices du suicide qu'il veut commettre ; rejetez ce funeste dévouement qui le porte à sacrifier son innocente vie pour détourner le glaive qu'on promène au-dessus de ces bancs ; n'accueillez pas ce dégoût de l'existence, qui accable un malheureux fatigué de lutter contre de fausses apparences et d'ardentes préventions.

« Et vous, Bories, de quel droit venez-vous ici détourner l'ordre de la justice et faire violence à la nature? Vos jours ne vous appartiennent pas; ils appartiennent à la loi, qui seule peut en disposer. Laissez faire cette loi qui vous protége, cette providence qui veille sur vous. Ce consentement que vous donnez serait inutile si vous étiez coupable; c'est un suicide criminel lorsque vous êtes innocent. N'avez-vous donc aucun lien qui vous rattache à la vie? Ne craignez-vous pas les larmes d'une mère? Les regrets de l'amitié sont-ils sans prix pour vous? Et cet avenir de gloire que la valeur promet aux héros a-t-il perdu à vos yeux cet attrait puissant qui dès l'enfance vous entraînait au champ d'honneur?

« Vivez, Bories, vivez pour entendre du président de cette cour la déclaration d'innocence qui doit briser vos fers; vivez pour répondre au ministère public par une vie utile et honorable, soit que le devoir vous appelle encore dans les combats, soit que vous rentriez dans la vie privée; vivez pour justifier le dévouement sans réserve de votre défenseur et pour prouver que si des présomptions peuvent amener un innocent sur le banc des accusés, elles ne peuvent prévaloir contre les lumières d'un débat et contre la raison et l'indépendance d'un jury français. »

Le président fit ensuite le résumé de l'affaire avec une impartialité dont l'histoire doit lui tenir compte. Puis il donna lecture des questions à résoudre par le jury. Elles étaient au nombre de vingt-sept.

Les douze premières, relatives aux accusés Baradère, Hénon, Gauran, Rosé, Massias, Bories, Goubin, Pommier, Raoulx, Bicheron, Asnès et Goupillon, étaient ainsi conçues:

« N. est-il coupable d'avoir, dans les derniers mois de 1821 et dans les premiers mois de 1822, participé à un complot concerté et arrêté entre plusieurs individus, ayant pour but soit de détruire ou changer le gouvernement, soit de changer l'ordre de successibilité au trône, soit d'exciter les citoyens ou habitants à s'armer contre l'autorité royale, soit d'exciter à la guerre civile, en armant ou en portant les citoyens ou habitants à s'armer les uns contre les autres? »

La treizième et la quatorzième question, particulières à Goupillon, étaient ainsi libellées:

« Goupillon a-t-il, le premier, et avant toute poursuite commencée, fait connaître au gouvernement, ou aux autorités administratives, ou de police judiciaire, les circonstances du complot auquel il aurait participé? — A-t-il, depuis le commencement des poursuites, procuré l'arrestation de quelques-uns des auteurs ou complices du complot? »

Les treize autres questions, concernant les accusés Labouré, Cochet, Castelli, Dutrou, Hue, Barlet, Perreton, Lefèvre, Thomas, Gauthier, Lecoq, Dariotsecq et Demait, étaient rédigées dans les termes suivants:

« N. est-il coupable, ayant eu connaissance d'un complot concerté et arrêté entre plusieurs individus, et ayant pour but soit de détruire ou de changer le gouvernement, soit de changer l'ordre de successibilité au trône, soit d'exciter les citoyens ou habitants à s'armer contre l'autorité royale, soit d'exciter à la guerre civile en armant ou en portant les citoyens ou habitants à s'armer les uns contre les autres; de n'avoir point fait la déclaration du complot, et de n'avoir pas révélé au gouvernement, ou aux autorités administratives, ou de police judiciaire, les circonstances qui en sont venues à sa connaissance? »

A six heures et demie, le jury se retira dans la chambre des délibérations.

A neuf heures et demie, un coup de sonnette annonça que le jury avait fini de délibérer. La porte s'ouvrit, et les jurés reprirent place sur leurs bancs. Le chef des jurés, au milieu du plus profond silence, et d'une voix émue, donna lecture de la décision.

Le verdict était affirmatif à l'égard de Bories, Goubin, Pommier et Raoulx; à l'unanimité, ils étaient reconnus coupables du crime de complot.

Hénon était reconnu coupable du même crime, mais à la majorité seulement de sept voix contre cinq.

Goupillon était également reconnu coupable du crime de complot, mais avec cette circonstance qu'il l'avait révélé en temps utile.

Enfin Labouré, Cochet, Castelli, Barlet, Perreton, Lefèvre et Dariotsecq étaient reconnus coupables du délit de non révélation.

Les questions relatives aux autres accusés étaient résolues négativement.

Un long frémissement parcourt l'auditoire à la lecture de la déclaration du jury. Puis les accusés se retirent pendant que la cour va délibérer sur l'application des peines.

Après une heure de délibération, elle rentre et les accusés sont de nouveau introduits.

M. le président déclare alors que la cour s'est réunie à la minorité du jury en ce qui concerne Hénon. En conséquence, cet accusé est définitivement reconnu non coupable, et le président annonce qu'il va être immédiatement mis en liberté. Il prononce ensuite l'acquittement de Baradère, Hénon, Gauran, Rosé, Massias, Asnès, Bicheron, Dutrou, Hue, Thomas, Gauthier, Lecoq et Demait, qui vont également être mis en liberté.

L'avocat général requiert alors l'application de la peine à l'égard des accusés reconnus coupables par la déclaration du jury.

La cour se retire une seconde fois dans la chambre des délibérations.

Alors les poitrines, longtemps gonflées, s'exhalent en sanglots; alors peuvent librement éclater tous les sentiments contenus jusque-là par le respect de la justice. Des larmes jaillissent des yeux de tous les assistants. Les condamnés seuls restent calmes; ils consolent même leurs défenseurs. M⁰ Mocquart, qui adresse à Bories un signe de profonde sympathie, en reçoit cette réponse: « Il n'y a qu'un criminel qui tremble, et le cœur ne me bat pas. Cette condamnation n'est pas déshonorante pour nos familles; c'est comme pendant la Révolution.... »

« — Et dire, s'écrie Goubin, que pendant trois mois j'ai pu être royaliste et avoir la même opinion que cette hyène. » Et il montrait M. de Marchangy qui, l'œil sec, paraissait goûter, dans une parfaite quiétude, le triomphe prochain de son éloquence atrabilaire.

« — Ce qui me fâche, ajoute Raoulx, c'est l'appareil de l'échafaud. Si c'était la fusillade, j'irais comme à l'exercice. »

« — Moi aussi, répond Bories, je voudrais conserver ma tête. Qu'y faire? Si du moins elle avait pu sauver la vôtre! »

Un des avocats serre les mains de Bories en pleurant. « Venez, lui dit Bories, prendre dans la prison une figure moulée que je voudrais bien envoyer à mon père. Cette figure est la mienne; dans quelques jours, c'est tout ce qui restera de moi. » Et il remet à l'avocat une bague, une montre et une épingle, avec recommandation de faire parvenir le tout à une adresse qu'il lui donne à voix basse.

Goubin prononce le nom de son père.

« — Ce n'est pas mon père que je plains, s'écrie Raoulx, c'est ma mère. »

Dans toutes les parties de la salle ce sont des effusions douloureuses ou de sourdes

Tombeau des quatre sergents de la Rochelle au cimetière Montparnasse.

protestations; la pitié, la vengeance se partagent les cœurs.

A une heure moins un quart la cour reprend séance, et le président, au milieu d'un silence de mort, donne lecture de l'arrêt.

Cet arrêt porte condamnation à la peine de mort de Bories, Goubin, Pommier et Raoulx. Castelli, Dariotsecq et Lefèvre sont condamnés chacun à cinq années d'emprisonnement; Barlet, à trois années; Labouret, Cochet et Perreton, chacun à deux années. Ces sept derniers accusés sont en outre condamnés chacun à cinq cents francs d'amende et à un temps de surveillance égal à la durée de leur peine.

Quant à Goupillen, la cour le déclare

exempt de toute peine, elle prononce toutefois sa mise en surveillance pendant quinze années, avec une caution de 1,000 fr.

Le président se prépare alors à clore la séance. A ce moment Bories se lève de son banc :

— Monsieur le président, dit-il d'une voix qui ne trahit pas d'émotion, l'impartialité que vous avez mise dans votre résumé nous autorise à vous prier de nouveau de donner des ordres pour que mes camarades et moi nous ne soyons point séparés dans la prison.

M. le Président. — Cela est en dehors de mes attributions; mais j'en écrirai à M. le préfet de police.

Bories. — Nous demandons aussi qu'on ne nous charge pas de fers...

La cour se retire. Les gendarmes se disposent alors à faire sortir les condamnés. A ce moment les avocats se jettent dans les bras de leurs infortunés clients voués à la mort; ils les tiennent longtemps embrassés et les couvrent de larmes. Dans toute la salle on entend éclater des sanglots. Cette scène de désolation, qu'il est impossible de décrire, se prolonge pendant quelques minutes.

Enfin, les accusés sont entraînés par les gendarmes. On entend Pommier s'écrier en quittant son banc :

— Adieu, mes amis, adieu, vous tous. Nous sommes innocents ! La France nous jugera !

Bories, d'un ton de voix moins élevé, dit aux personnes qui l'entourent :

— Nous finissons notre carrière à vingt-sept ans. C'est bien tôt... Adieu ! adieu !

Bories avait, en effet, vingt-sept ans, Pommier et Raoulx vingt-six ans, et Goubin vingt-cinq.

Dès que l'arrêt de la cour fut connu, à Paris comme dans toute la France il n'y eut plus qu'un seul intérêt, une seule préoccupation : les quatre sergents de la Rochelle; les affaires étaient en quelque sorte suspendues, chacun ne s'abordait que pour s'entretenir du sort réservé aux malheureuses victimes et exprimer la sympathie qu'inspirait tant de jeunesse et tant de courageuse abnégation. On lisait avidement les journaux, bien ou mal informés, désireux d'y trouver quelque éclaircissement, quelque nouvelle touchant les condamnés depuis que la prison s'était refermée sur eux. Nous résumerons en quelques mots les détails fournis par la presse de cette époque.

Après leur condamnation, Bories, Goubin, Pommier et Raoulx n'avaient pas été reconduits à la Conciergerie; on les avait transférés à la prison de Bicêtre, lieu de dépôt des condamnés à mort, situé à quelque distance de Paris. Leurs coaccusés condamnés à la détention avaient été, eux, emmenés à la maison centrale de Poissy.

Arrivés à Bicêtre vers une heure du matin, les quatre sergents avaient été enfermés, deux par deux, dans deux chambres appelées alors cabanons. Le jour venu, ils demandèrent du papier, de l'encre, des plumes et écrivirent à leurs avocats et à leur famille. Par un ménagement dont il faut tenir compte à qui de droit, on ne leur avait pas fait endosser les vêtements des condamnés, on leur avait laissé ceux qu'ils portaient. Le directeur de la maison, qui vint les visiter, les trouva tous quatre calmes, résignés ; il leur permit de prendre leur repas ensemble.

A la suggestion de leurs avocats, ils avaient signé un recours en cassation contre l'arrêt qui les condamnait à la peine de mort, puis, le 12 septembre, convaincus de l'inutilité de cette procédure, qui ne pouvait prolonger que de quelques jours une existence désormais comptée, ils s'étaient désistés. Avertis du fait, MM^{es} Mérilhou et Legouin, autorisés préalablement par le ministre, se rendirent à Bicêtre. Introduits auprès des condamnés, ils trouvèrent les jeunes militaires calmes, enjoués, tels enfin qu'ils s'étaient montrés pendant tout le cours du procès. Cette visite, on le croira sans peine, causa le plus vif plaisir aux quatre amis. Elle était inattendue, et, à part celle du directeur, c'était la première qu'ils recevaient. Après l'échange des témoignages de sympathie mutuelle et les effusions bien naturelles en d'aussi solennelles circonstances, M° Mérilhou en vint au but de sa démarche : il avait appris qu'ils s'étaient désistés du pourvoi en cassation, formé par eux au lendemain de leur condamnation, et il était venu pour le leur faire reprendre. A l'appui de son exhortation, il leur représenta en termes chaleureux que leur vie ne leur appartenait pas à eux seuls, qu'elle appartenait aussi à leurs parents, à leurs amis, à leur pays; qu'ils n'étaient donc pas libres d'en faire le sacrifice, et que par tous les moyens, au contraire, ils devaient s'efforcer de la conserver.

— Vous savez aussi bien que nous, lui répondit Bories, que c'est peine perdue. M. de Marchangy nous l'a dit : « Tous les efforts que vous tenteriez ne sauraient les soustraire à la peine qui les réclame. »

M° Mérilhou ne se faisait sans doute pas illusion sur le sort réservé au recours à introduire; il insista cependant, et fut si pressant, si chaleureux, si persuasif, que les quatre sergents finirent par consentir à retirer leur désistement, c'est-à-dire à se pourvoir de nouveau en cassation. Muni de leur signature, il les quitta en leur donnant des espérances, et s'en revint à Paris. Là il accomplit les formalités exigées par la loi, puis il vit ses amis, ses coreligionnaires politiques, il visita enfin toutes les personnes qui, de près ou de loin, pouvaient avoir quelque influence sur les conseillers à la Cour de cassation chargés d'admettre ou de rejeter le pourvoi.

Mais la politique, à ce moment, devait dominer toutes les autres considérations; l'humanité, la générosité cédaient devant elle, et, le 20 septembre, la Cour, par un arrêt motivé, rejetait les pourvois.

Pour sauver les quatre sergents, il ne restait donc d'autre moyen qu'une évasion ou un recours à la clémence royale.

Avant l'ouverture des débats, une tentative d'évasion avait été combinée à la prison de la Force, où étaient primitivement détenus Bories et ses camarades. Il s'agissait de pratiquer dans la prison un conduit souterrain donnant dans une maison contiguë, et de faire évader par là les prisonniers. Cette tentative était-elle praticable, eût-elle réussi ? Nous ne le savons pas. Les mémoires du temps nous apprennent seulement qu'on en eut le projet. Le transfèrement des accusés dans la prison de la Conciergerie avait déjoué cette tentative. Quand, après leur condamnation, les quatre sergents eurent été conduits à Bicêtre, quelques amis s'agitèrent de nouveau pour les sauver. Le *Moniteur* annonça, en effet, dans son numéro du 21 septembre, que l'autorité venait de découvrir un complot conçu dans le but de procurer l'évasion des condamnés, que les coupables venaient d'être arrêtés et qu'une somme considérable destinée à corrompre des représentants de l'autorité publique avait été saisie entre les mains ou au domicile des complices. Le journal officiel ajoutait que le complot avait été déjoué avant qu'on eût tenté de le mettre à exécution.

En dehors de la relation du *Moniteur*, voici ce qui se disait dans le public : Un élève en médecine avait, dit-on, prévenu M. de La Fayette que le directeur de Bicêtre, père de famille nécessiteux, échangerait volontiers ses modestes appointements contre un capital un peu élevé. Aussitôt une somme de 60,000 francs avait été réunie, et il avait été convenu qu'avec la coopération de l'élève en médecine et d'un autre interne, M. Margue, qui devaient préparer les voies, le directeur partirait de nuit avec ses quatre prisonniers pour l'Angleterre ; qu'une somme de 10,000 fr. lui serait comptée avant le départ, et le reste à l'arrivée. Toutes choses étaient bien arrêtées, le moment de la fuite convenu, lorsque l'aumônier de Bicêtre, parent du directeur, et mis par lui au courant de l'affaire, avait révélé le projet à l'autorité. Avait-il cédé à des scrupules respectables, l'esprit de parti seul, au contraire, le poussait-il ? On ne sait. Toujours est-il qu'un officier de paix, prévenu au dernier moment, avait arrêté l'élève en médecine alors qu'il comptait au directeur la somme de dix mille francs convenue, moitié en or et moitié en billets de la Banque de France. Le corrupteur avait été arrêté et l'argent saisi. En même temps on mettait en état d'arrestation plusieurs employés de la prison de Bicêtre, soupçonnés de complicité dans l'affaire, on les avait ramenés à Paris, et placés entre les mains de la justice.

Mise en éveil par cette tentative, la vigilance du gouvernement ne s'endormit plus ; il s'empressa de donner des ordres afin de doubler la garde à Bicêtre ; en outre, des agents de la préfecture de police furent placés en permanence dans la prison.

De ce côté donc il n'y avait nul espoir.

Quelques personnes mirent alors en avant l'idée de recourir à la clémence royale pour sauver la vie des quatre jeunes gens. Louis XVIII, sans doute, ne s'était pas montré, jusque-là, fort généreux envers ses adversaires politiques ; il avait fait rigoureusement exécuter les jugements qui condamnaient à la peine de mort des hommes coupables seulement de regretter un autre régime. Nonobstant, on ne pouvait se refuser à tenter cette démarche suprême : une audience fut donc demandée au roi, et de courageux citoyens n'hésitèrent pas à solliciter de lui la grâce de Bories et des autres condamnés. Le ministre, dit-on, intervint, la raison d'Etat fit taire les sentiments d'humanité, et la grâce fut refusée. On a dit, et nous le répétons comme une opinion répandue parmi le peuple, mais que nous ne garantissons pas, qu'à la députation venant lui demander d'épargner quatre existences, Louis XVIII répondit en tirant sa montre et disant : « N'est-ce pas à sept heures que doit avoir lieu l'exécution ? » Et sur une réponse affirmative : « Eh bien, ajouta-t-il, à huit heures je ferai grâce. »

Les deux tentatives que nous venons de rappeler furent les seuls efforts du Carbonarisme en faveur des sergents de la Rochelle.

Dès le 19, ainsi que nous l'avons dit, les postes de Bicêtre avaient été doublés. Le 20 et le 21, le plus profond secret régna sur Bicêtre et ses infortunés habitants ; mais le 22, dès le point du jour, et comme par un de ces instincts qui ne trompent pas, une foule innombrable de peuple envahit les ponts et les quais de Paris. De vagues rumeurs appelaient ces masses au dehors ; le bruit s'était répandu que les condamnés avaient été, de nuit, ramenés de Bicêtre à la Conciergerie, et que vraisemblablement l'exécution aurait lieu le jour même. Bientôt, en effet, des crieurs publics, sillonnant les rues, offraient à la curiosité des passants, moyennant un sou, l'extrait des minutes du greffe de la cour royale de Paris qui condamnait à mort Bories et ses camarades. Il n'y avait donc pas de doute possible.

Ce jour-là, Bories, Pommier, Goubin et Raoulx avaient été réveillés dès six heures du matin, et le directeur de la prison les avait invités à s'habiller. Deux voitures et un piquet de gendarmes à cheval attendaient dans la grande cour de Bicêtre. On fit monter les quatre condamnés dans la plus petite des voitures, avec trois gendarmes armés de leurs sabres et de pistolets. La plus grande voiture prit les devants, escortée, quoique vide ; l'autre partit ensuite, en suivant un chemin différent. On craignait quelque coup de main sur les prisonniers, et dans ce cas on voulait donner le change aux assaillants s'il s'en présentait.

A dix heures les deux voitures arrivèrent sans encombre à la Conciergerie.

Là le directeur, recevant les condamnés, cherchait à leur persuader qu'il ne s'agissait pour eux que d'une formalité de procédure et qu'ils seraient reconduits dans la journée à Bicêtre. Ils accueillirent par un sourire ce pieux mensonge ; ils comprenaient trop bien que leur dernier jour était venu.

A la Conciergerie on les déposa dans des cellules séparées, mais contiguës. Bientôt un greffier vint successivement lire à Pommier, à Goubin et à Raoulx, qui s'étaient pourvus en cassation, l'arrêt qui rejetait leur pourvoi.

Au greffier succéda l'aumônier des prisons, l'abbé Montès. Cet ecclésiastique, qu'on a vu pendant tant d'années assister aux derniers moments de tous les condamnés exécutés à Paris, n'entra que pour la forme dans la cellule de Bories qui était protestant. Les trois autres l'accueillirent avec respect, mais déclinèrent son ministère.

Restés seuls, après cette visite, les condamnés s'endormirent d'un calme sommeil. Sur les deux heures, Raoulx appela Goubin, son voisin le plus proche.

— Tu me fais tort, répondit Goubin, je dormais de si bon cœur.

— Dans deux heures, repartit Raoulx, nous dormirons tous ensemble, et pour longtemps.

Le jour commençait à poindre lorsqu'on vint les réveiller pour procéder à ce qu'en langage de prison on appelle la toilette. Il paraît que les condamnés, ayant horreur du bourreau, avaient demandé à se couper les cheveux les uns aux autres ; mais on n'avait pas fait droit à cette dernière prière, de peur, dit-on, qu'ils ne se servissent des ciseaux pour se suicider. Il leur fallut donc se soumettre à l'horrible contact.

Pendant les lugubres apprêts, Raoulx, très-petit de taille, ne put retenir une plaisanterie :

— Ce n'est vraiment pas raisonnable de me couper la tête, s'écria-t-il ; une fois tombée, voyez un peu ce qui restera.

Le départ pour la place de Grève, lieu des exécutions capitales, devait se faire à quatre heures du matin. Mais on retarda l'heure, comptant sur des révélations qui pourraient être inspirées aux condamnés par l'appréhension des derniers moments ; on espérait toujours qu'à l'heure suprême, pour sauver leur vie, l'impénétrabilité dont ils avaient jusque-là fait preuve se fondrait, et qu'on aurait enfin des aveux touchant le fameux comité directeur. Ces révélations ne s'étant pas produites, M. de Montmerqué, président des assises, s'était décidé à aller au-devant. Introduit dans la prison, il prit à part les condamnés et, au nom de la bienveillance qu'il leur avait témoignée à tous, demanda à chacun s'il ne voulait pas tenter de s'assurer par des aveux et un sincère repentir les effets de la clémence royale ; à chacun il représenta qu'ils n'étaient que des malheureux instruments sacrifiés à de combinaisons où ils n'auraient pas eu part, que les riches et les puissants qui les avaient conduits jusqu'à l'abîme les y laissaient tomber sans remuer un doigt pour leur salut, et qu'il était après tout bien temps de penser à eux.

— Nous n'avons à dire rien de plus que

ce que nous avons dit, répondirent les quatre camarades.

Et M. de Montmerqué dut se retirer sans avoir pu arracher à leur stoïcisme une plainte ou un regret.

A cinq heures moins un quart quatre charrettes, sortant de la Conciergerie, s'engagèrent entre une double haie de soldats échelonnés du Palais de Justice à l'Hôtel de Ville. Des troupes étaient en outre massées sur les quais et sur les places, et des patrouilles sillonnaient les rues aboutissant sur le passage du funèbre cortége.

Des sentiments tumultueux agitaient la foule appelée au dehors par la sanglante cérémonie. On se demandait si l'on allait rester indifférent au dénouement de ce drame et si l'on ne tenterait pas un effort violent pour arracher à la mort ces jeunes hommes qui n'avaient pas craint d'exposer leur vie pour conquérir la liberté à leur pays. Mais les forces déployées par le gouvernement étaient considérables, et la crainte, le doute envahissaient jusqu'aux plus déterminés. Il était d'ailleurs bien tard pour organiser quelque chose d'efficace, et pour mener à bien une pareille entreprise il fallait l'avoir préparée à l'avance. Le peuple resta frémissant ; l'orage gronda, mais n'éclata pas.

Suivant certains journaux du temps, les quatre sergents se laissèrent conduire au supplice dans un recueillement complet et avec piété, saluant au passage, d'un geste amical, les visages amis qu'ils apercevaient dans la foule ; suivant d'autres, au contraire, ils affectaient, pendant le trajet de la Conciergerie à la Grève, de tourner la tête du côté opposé aux ecclésiastiques qui les accompagnaient. Ce qui est constaté par tous, et par conséquent hors de discussion, c'est qu'ils moururent tous avec le plus grand courage et en citoyens convaincus de donner leur vie pour une noble cause.

Cependant les charrettes étaient arrivées au pied de l'échafaud ; Raoulx, qui, d'après les dispositions prises, devait y monter le premier, demanda à embrasser ses camarades. On ne lui refusa pas cette dernière faveur ; il monta alors lestement les degrés de l'instrument du supplice. Au moment où l'exécuteur l'attachait sur la bascule il s'écria d'une voix retentissante : « Vive la liberté ! »

Goubin et Pommier montrèrent la même résolution.

Quand ce fut au tour de Bories, il tourna sa belle tête vers la foule silencieuse, et prononça à haute voix ces paroles, qui durent remuer profondément bien des poitrines : « Rappelez-vous que c'est le sang de vos frères qu'on fait couler aujourd'hui ! »

En quelques minutes l'expiation était consommée. La Restauration comptait peut-être quatre adversaires de moins ; à coup sûr elle s'était fait ce jour-là cent mille ennemis de plus.

Un long frémissement d'horreur courut par toute la France à l'annonce du supplice des quatre sergents de la Rochelle. La pitié était dans toutes les âmes pour ces jeunes gens, coupables à peine d'imprudence, et qu'une politique impitoyable sacrifiait à ses frayeurs ; le ressentiment s'y ajouta, ressentiment qui ne fit que croître et se propager dans tous les rangs de la société contre un gouvernement qui ne croyait pouvoir se maintenir qu'au moyen d'immolations successives. Le souvenir de ce massacre, assurément inutile, ne s'effaça jamais de l'imagination populaire, et les haines vigoureuses qu'il engendra trouvèrent, quelques années après, en 1830, à se donner satisfaction ; la royauté restaurée y succomba.

L'histoire des quatre sergents de la Rochelle est restée légendaire. Bien des événements, depuis cinquante ans, ont passé sur notre pays, même des plus considérables, qui sont aujourd'hui oubliés; les quatre sergents de la Rochelle et leur martyre sont encore dans la mémoire de tous. Poètes, littérateurs, peintres, dramaturges ont à l'envi, dans des compositions variées, perpétué le souvenir d'un drame qui, dépassant nos frontières, eut en Europe même un retentissement prolongé. A notre époque, éloignée déjà, il n'a rien perdu de son intérêt.

Les corps des suppliciés, réclamés par leurs amis et leurs défenseurs, furent déposés au cimetière du Montparnasse; leur tombe, entretenue avec soin par la piété publique, est toujours couverte de couronnes d'immortelles.

ÉPILOGUE.

Le lecteur ne lira pas sans intérêt, nous en sommes certains, le récit suivant, qui jette une certaine lumière sur un des auteurs du drame dont nous venons de retracer les traits principaux. Ce récit est dû à la plume de M. Alfred Delvau et est intitulé : *Chapitre inédit de l'histoire des quatre sergents de la Rochelle.*

Il y a quelques années, dit l'auteur, j'avais fini par prendre intérêt à une vieille femme, cassée en deux par la main du temps, et que je rencontrais toujours sur le trottoir de la rue du Cherche-Midi, à la hauteur de la place Saint-Placide. Ce qui m'intéressait en elle, d'abord, c'était son étrangeté. La pauvre vieille n'était pas seulement courbée à la façon des paysannes attachées à la glèbe durant toute leur vie, elle était, je le répète, cassée en deux morceaux, l'un perpendiculaire, servant de support à l'autre complétement horizontal, à ce point que, sans l'assistance d'un long bâton, qu'elle tenait par le milieu, elle fût tombée au premier pas la face contre terre.

Ce qui m'intéressait en elle ensuite, c'était un bouquet, souvent renouvelé, que je lui voyais au côté gauche du corsage, et cela, en quelque saison que je la rencontrasse. Ce bouquet m'intriguait, et, soupçonnant là-dessous une histoire digne d'attention, je résolus d'en avoir l'esprit net. J'interrogeai çà et là dans le quartier : tout ce que j'appris sur mon héroïne, c'est qu'elle était connue depuis longtemps sous le nom de la *vieille aux fleurs*. Ce détail ne faisait que piquer ma curiosité, loin de la satisfaire ; je me décidai donc à ne m'en rapporter qu'à moi-même, et, à quelques jours de là, comme la bonne femme descendait la rue du Cherche-Midi et s'engageait dans la rue du Regard, je la suivis déterminément.

Elle marchait d'un pas encore assez allègre pour l'âge que je lui supposais d'après sa décrépitude apparente. Au bout de la rue du Regard, elle prit la rue Notre-Dame-des-Champs, la rue du Montparnasse, et finalement elle s'arrêta à la hauteur du cimetière du Sud. Je m'arrêtai comme elle et j'attendis. Quelques minutes après elle se remit en marche et s'engagea dans le cimetière. Après quelques méandres au travers des rues de cette ville des morts, elle arriva devant un petit tertre surmonté d'une colonne tronquée, ombragée de drapeaux tricolores, au pied de laquelle elle déposa un bouquet de fleurs de tamarin qu'elle détacha de son corsage.

C'était la tombe des quatre sergents de la Rochelle.

Mon étonnement fut extrême. Quelle pouvait être cette femme qui, à quarante années de distance, venait ainsi déposer sa pieuse offrande sur la cendre refroidie de ces quatre héroïques étourdis qui avaient payé de leur tête le crime d'avoir aimé trop prématurément la liberté? Une sœur? peut-être. Bories en avait laissé une; mais quelque chose me disait que ce n'était pas elle que j'avais devant moi. Une amie? Oui, ce devait être une amie. Mais quelle était-elle ?

J'étais attendri. Je devins plus respectueux encore quand, après la station au pied du petit monument des quatre sergents, elle s'éloigna toute réconfortée. Je la suivis de nouveau, comme malgré moi, non par une irrévérencieuse curiosité, mais attiré vers elle par une singulière sympathie.

Elle reprit le chemin par lequel elle était venue et s'arrêta au numéro 94 de la rue du Cherche-Midi, devant une maison de très-pauvre mine. Au moment où elle allait disparaître sous la porte, je m'approchai d'elle et lui présentai, sans prononcer un mot, un bouquet printanier que la lenteur de sa marche m'avait permis d'acheter à une marchande ambulante.

— Ah! murmura-t-elle en relevant de côté sa bonne vieille tête, et en me regardant dans le blanc des yeux, je vous remercie, monsieur ; le bon Dieu vous le rendra ; je ne suis pas assez riche pour vous le rendre.

Comme je faisais un geste pour fouiller dans ma poche et y prendre la monnaie qui s'y trouvait, elle me jeta vivement un *non* aussi éloquent qu'une prière et entra dans la maison.

Le lendemain, de bonne heure, j'étais dans la rue du Cherche-Midi. Ma sexagénaire de la veille ne tarda pas à paraître dans le costume que je lui avais vu la veille, avec un fragment de mon bouquet au côté. Comme la veille encore, elle prit le chemin du cimetière Montparnasse, fit une station sur la tombe des quatre sergents et y déposa le bouquet que je lui avais donné, puis se retira lentement.

A l'accent dont elle m'avait remercié j'avais deviné son origine, et comme on est toujours sûr de réjouir le cœur et l'oreille des exilés en leur parlant la langue de la patrie, je lui adressai hardiment la parole en patois saintongeois. J'avais frappé juste : la pauvre vieille s'approcha de moi, me prit les mains, me remercia avec effusion. En peu d'instants j'avais acquis sa confiance et obtenu d'elle la promesse du récit de sa vie, qu'elle me fit d'abondance comme à un frère plus jeune qu'elle.

I

Mon père, dit-elle, ouvrier tailleur de la ville de Marans, n'avait pas une parcelle de bien. Veuf avant l'heure avec deux filles, deux jumelles, il ne mangeait pas tous les jours à sa faim. Avec lui pourtant nous vivions. Le père mourut. J'en menai grand deuil, parce qu'il me semblait que je perdais une seconde fois notre mère. Entre temps, ma sœur se maria avec un ouvrier aussi bien loti qu'elle, la soif épousant la faim, et je restai toute seule dans la vie avec l'amour du travail pour unique avoir. J'entrai en service chez un minotier de la ville, M. Fleury, un brave homme et comme on n'en fait plus aujourd'hui. Ma vie coulait dans son honnête maison, humblement, doucement, ainsi qu'il convient à l'existence d'une servante vouée aux rudes labeurs dès sa naissance.

J'avais alors dans les environs de vingt ans. Aujourd'hui j'ai la soixantaine, ce qui fait une bien longue vie pour une pauvre femme comme moi. J'avais vingt ans et j'étais fraîche comme la fleur des tamarins, droite comme un peuplier, vive comme une hirondelle et gaie comme un rossignol. Aussi, sans trop me vanter, j'étais suivie de près par les gars de Marans et des environs qui m'invitaient souvent à danser aux fêtes du pays de préférence à d'autres jeunesses, mieux atourées que moi cependant. Mais plus j'étais courtisée, plus je me sentais le cœur libre. Quelque chose me disait qu'il fallait le conserver pour une plus pure amitié que celle de ces amoureux rustiques. Je le conservai donc pieusement, comme une fille qui a fait un vœu. Et j'étais vouée vraiment, mais ce n'était ni au bleu ni au blanc,

c'était au noir ; ce n'était ni à saint Joseph ni à saint Eutrope, c'était à saint Marius.

II

Il faut vous dire, monsieur, que Marans a la réputation de fournir d'excellentes anguilles, pêchées à l'embouchure de la Charente. Maintes fois je voyais passer des messieurs de la Rochelle qui venaient dans notre ville manger des fritures d'anguilles. Vers les premiers jours de mars de l'année 1822, j'avais remarqué, lorsqu'ils traversèrent le chemin devant notre porte, cinq soldats de la garnison de la Rochelle, trois sergents-majors et deux simples sergents, parmi lesquels un plus petit que ses compagnons. Où allaient-ils ? Sans doute, eux aussi, étaient amenés par la friture. Ils revinrent une autre fois, mais ils n'étaient plus que trois, et parmi ces trois, le plus petit, le plus fier, le plus beau, mon bien-aimé Marius.

Je n'ai vraiment vécu qu'une année, et encore dans cette année ne faut-il compter que quelques jours : ne vous étonnez donc pas que mes souvenirs soient si présents.

J'étais sur le seuil de la porte. Il faisait un temps gris assez froid. Ils marchaient tous les trois sur deux rangs, les sergents-majors causant avec animation sur le devant, et derrière, le simple sergent, qui cependant avait l'air de répondre à ce que lui disaient ses compagnons.

Les deux premiers passèrent ; leurs figures, je ne les vis pas. Quant au troisième, c'était Marius. Il avait vingt-cinq à vingt-six ans ; il était d'une taille bien prise ; sa moustache brune se relevait fièrement à chaque coin de la bouche. En détournant la tête il m'aperçut, bouche béante, ne cessant de le contempler des pieds à la tête ; les oreilles me tintaient, une chaleur me monta du cœur au visage, je sentis que je devenais rouge comme feu, une minute de plus j'étouffais. Quand je rouvris les yeux et que je regardai devant moi, les trois amis n'étaient plus là. J'étais aise de respirer, et cependant il me semblait que mon cœur s'était décroché dans ma poitrine, à la façon dont il tressautait. Je laissai pour ce jour-là ma besogne et courus me réfugier dans le fenil pour y pleurer tout mon soûl.

Marius revint le lendemain seul. Un pressentiment m'avait dit qu'il reviendrait. J'étais sur le seuil de la maison, à la même place que la veille, et, quand il apparut à l'extrémité du chemin, je ne fus pas étonnée : puisque je l'attendais, il devait venir.

Le long des murs de la maison il y avait une allée de noyers. C'est là que m'abordant doucement et tendrement, mais sans me dire un mot plus gros que l'autre, Marius m'ouvrit son cœur, en me suppliant de lui laisser lire dans le mien. Je l'aurais bien voulu : je n'osai, retenue par la sauvagerie de mon sexe, et, quoique j'eusse bien des choses à lui dire, je restai muette. Il me semblait qu'il devait comprendre, — et je crois qu'il comprit, — qu'il avait eu l'entame de mon cœur et que, comme il m'avait pour ainsi dire du premier coup d'œil faite sienne, je lui appartenais à la vie, à la mort. A la nuit tombante, Marius vint me reconduire jusqu'à la porte de M. Fleury, et me quitta, avec la promesse de revenir bientôt.

Quand il fut parti, je pris prétexte d'une violente lourdeur de tête et me réfugiai dans ma chambre, sans souper. Là j'essayai de me ressouvenir de tout ce qu'il m'avait dit, car je n'avais pas perdu une seule de ses paroles et chacune d'elles avait pénétré bien avant en moi. Ah! c'est qu'elle était belle l'âme de Marius ! Je l'aimais sans doute un peu parce qu'il était beau comme un soleil, mais beau-

coup, je vous assure, parce qu'il était bon et franc comme l'or. J'avais foi dans sa loyauté comme j'aurais cru à celle de Jésus-Christ, et l'amitié que je lui avais vouée était tellement enracinée, quoique poussée en une minute, que rien désormais n'aurait pu l'arracher. Les événements sont venus qui l'ont bien prouvé ; elle a tenu vaillamment, même devant la mort.

Le lendemain, je travaillais distraite ; j'avais les yeux ouverts, ouvertes les oreilles, mais je ne voyais ni n'entendais rien que mon bien-aimé Marius, dont le nom revenait sans cesse sur mes lèvres.

III

Je m'arrête sur ces tendres souvenirs, ce sont les seuls qui aient occupé ma vie, et je ne crois pas offenser le bon Dieu en me les remémorant. Songez, Monsieur, que je n'avais pas encore vingt ans et que Marius en avait à peine vingt-six !

J'ignore la durée du bonheur des vilaines gens ; en tout cas celui des cœurs droits est court. Au bout de quelques semaines j'apprenais, avec tout le pays, l'arrestation du sergent Marius Raoulx et celle de ses compagnons Bories, Goubin et Pommier, qu'on accusait de je ne sais quelle conspiration contre le roi.

Bories, Goubin, Pommier, je ne les connaissais pas ; mais Raoulx, si doux, si affectueux, en quoi avait-il pu mettre en péril le trône de Louis XVIII? Cher petit, certes il était innocent ; imprudent, audacieux en paroles, oui, mais incapable de nuire à personne. Je le connaissais bien, peut-être.... J'en aurais répondu sur ma tête en ce monde et sur mon salut dans l'autre ! Mais je n'étais qu'une pauvre servante de village, et ma parole ne pouvait arriver jusqu'aux oreilles des juges. Il ne me restait plus que le juge suprême, celui vers qui montent toutes les prières : je le suppliai de me rendre mon Marius.

Il y avait sans doute, ce jour-là, trop d'affligés et par suite trop de prières, car Dieu ne me le rendit pas.

Quelque poignant que cela fût, je n'avais cependant pas le droit de me décourager outre mesure et de jeter le manche après la cognée ; le devoir me criait : debout! Au lieu de me désoler stérilement, je me résolus à partir, à suivre la fortune de l'homme dont j'étais la promise et à m'associer à son sort, quel qu'il dût être. Le soir même où j'appris que Raoulx et ses compagnons avaient quitté la Rochelle pour être menés à Paris, je fis un paquet de mes hardes, je demandai à mon maître les gages qu'il me devait, et je partis, au regret de M. Fleury, qui m'avait toujours trouvée vaillante à l'ouvrage. Mes ressources étant trop menues pour me permettre de prendre le coche, je partis à pied, sans être effrayée de la longueur du chemin. Un je ne sais quoi me donnait des ailes.

IV

Comment j'arrivai jusqu'à Paris, je n'en sais plus rien. J'y arrivai les pieds gonflés, couverte de poussière, et l'estomac creux. Dès la première heure je m'enquis auprès du premier passant que je rencontrai de Marius, que tout le monde, il me semblait, devait connaître et aimer comme moi. Le passant ne le connaissait pas. Je m'adressai à un autre, à dix autres ; les uns me répondaient à peine, les autres me dévisageaient en ricanant, me prenant pour quelque créature de mauvaise vie. L'indifférence et le mépris, voilà ce que je récoltais. A la fin j'en trouvai un qui consentit à m'écouter sans rire, et comme, à travers mes paroles, il avait saisi le nom de Raoulx, sergent au 45ᵉ de ligne, il eut la bonté de m'indiquer le chemin de la prison où étaient renfermés les sergents de la Rochelle. C'était loin, et il m'avait fallu retenir dans ma pauvre tête les renseignements qu'il me donnait bénévolement sur la route à suivre. Me voilà donc lancée derechef à travers les rues ; il y avait partout un grouillement de monde comme jamais je n'en avais vu, et cependant je me sentais plus seule que dans un désert. Si je n'avais pas eu ma foi en Dieu et mon amour pour Marius, j'aurais eu peur.

Après m'être trompé vingt fois de chemin et avoir fait rire à mes dépens, en raison de mon langage et de mon habillement rustiques, j'arrivai enfin devant l'Abbaye. Là, je tombai à genoux sur la pierre d'entrée, demandant à mains jointes la grâce d'entrevoir un instant le prisonnier, pour lequel je venais de faire à pied, d'une seule traite, une si longue route. Je nommai Raoulx, Marius Raoulx. Mais je devais avoir l'air bien sotte, puisque l'homme à qui j'adressai ma requête, les larmes aux yeux, se mit à me rire au nez, puis à me repousser rudement, tellement que j'en tombai tout de mon long par terre.

Je me relevai défaillante pour retomber incontinent. Cette fois, c'était de besoin, car je n'avais pas mangé depuis quarante-huit heures.

Singulières gens que ces Parisiens ! Indifférents ou moqueurs tout à l'heure, ils étaient tout à coup devenus charitables. Les uns m'avaient relevée et fait asseoir sur une chaise apportée en hâte d'une boutique, et me demandaient où je ressentais du mal ; d'autres me jetaient de l'eau au visage et me faisaient respirer des odeurs. Un médecin passa d'aventure, et, s'étant approché ;

« C'est une tasse de bouillon qu'il lui faut, » dit-il. Au bout d'un instant, avec ce qu'on m'apportait de tous côtés, j'aurais pu me nourrir pendant deux mois.

Réconfortée par les soins dont on venait de me combler, je repris courage. Des âmes compatissantes, le mari et la femme, petits marchands de la rue Sainte-Marguerite, voulurent bien aussi me recueillir chez eux, en souvenir de leur fille, à laquelle je ressemblais, et qui s'en était allée au cimetière avant l'heure, emportant la joie de la maison. Ils n'étaient pas riches, mais le peu qu'ils avaient ils le partageaient de bon cœur avec moi; de ce jour-là, j'eus place à leur table et à leur foyer. J'avais accepté avec la même franchise qu'ils m'avaient offert, et quand je leur avais dit : « Dieu vous le rendra, » ils m'avaient répondu de façon à me faire savoir qu'ils l'entendaient ainsi.

V

Mais cela ne diminuait pas mon inquiétude, et je me sentais le cœur agité par des pressentiments sinistres. Mon Marius, que faisait-il à cette heure où nous étions si près et si séparés l'un de l'autre? Ah! ces murailles inexorables, elles me navraient. Comment faire savoir à Marius que j'étais là, ne cessant pas de regarder et attendant sa présence, comme les Juifs le Messie? Personne n'osait me venir en aide, même les plus courageux, et je n'avais rien à attendre du geôlier qui m'avait si inhumainement repoussée. Malgré cela j'espérais, et chaque jour j'épiais avidement le moindre mouvement, le moindre bruit de l'intérieur de cette prison.

Le dixième jour, les honnêtes marchands qui m'avaient recueillie et qui s'intéressaient à mes tentatives, m'annoncèrent que les prisonniers n'étaient plus à l'Abbaye, qu'on les avait enlevés de nuit et transportés à la Force. Je partis aussitôt sans vouloir entendre leurs remontrances.

Ai-je besoin de vous dire que, là aussi, je fus tout aussi rudement repoussée qu'à l'Abbaye? Assurément, c'était une consigne; cela ne m'empêcha pas de faire, dans la rue du Roi-de-Sicile, les mêmes stations que j'avais faites dans la rue Sainte-Marguerite. Je partais le matin de la maison qui m'avait donné l'hospitalité, avec un morceau de pain que la charitable main de mes hôtes ne manquait pas de glisser dans ma poche et auquel j'oubliais souvent de toucher, et j'allais m'installer devant cette sombre muraille, derrière laquelle vivait, agonisait plutôt la seule créature qui m'attachât à la vie. J'y passais la nuit parfois, regardant toujours et n'apercevant rien. Quand je revenais, blémie, tremblant la fièvre, je me jetais sur mon lit sans me déshabiller, refusant les consolations que mes hôtes s'ingéniaient à verser, en guise de baume, sur les plaies vives de mon cœur.

VI

Cette existence toute d'angoisse dura longtemps; que ne s'est-elle, hélas! prolongée durant l'éternité!

Au bout de quelques mois, le 21 août, j'appris, par le bruit de la rue, qu'on était en train de juger mon Raoulx et ceux qu'on appelait ses complices. Je rôdai toute la journée dans les environs du Palais de Justice, l'âme remplie d'appréhensions mortelles. Quant à approcher de la cour d'assises, je l'avais tenté, mais sans succès; le petit monde n'entre pas là où les privilégiés eux-mêmes n'ont pas tous accès.

Lorsque la nuit fut venue, je crus que j'allais connaître mon sort; quelqu'un de la foule me détrompa en me disant que des choses de cette importance ne se jugeaient pas aussi vite, et qu'il faudrait encore plusieurs audiences comme celle-là. Ah! monsieur, il est des peines si fortes et des coups si rudes, qu'ils vous élèvent à votre insu et d'humble vous font martyre; j'avais ma Passion, comme Jésus a eu la sienne. Nul ne l'a su que Dieu, qui sait tout, et vous, à qui je le confesse en toute sincérité.

Le 5 septembre, à minuit, j'étais sur le quai, perdue au milieu de la foule, attendant ainsi qu'elle. Un long frémissement m'avertit que c'était fini.

Condamnés! ils étaient condamnés à mort! Ah! les bourreaux, qui n'avaient pas eu pitié de ces quatre jeunes existences! Et moi, moi qui ne leur avais rien fait, ils me frappaient du même coup, avec la même cruauté!

La Seine coulait au-dessous de moi avec un bruit qui me tenta. Puisque désormais il n'y avait plus pour moi de bonheur sur la terre, je me condamnai à mourir, et, n'écoutant que le désespoir, je me lançai par-dessus le pont..... De solides poignets m'arrêtèrent, malgré l'énergie de mon élan, et me ramenèrent à terre. Je m'étais condamnée à mourir, la Providence me condamnait à vivre. Je m'y résignai.

Dans le premier moment même, on me disait qu'après tout il y avait encore quelques chances favorables pour que Raoulx, par grâce royale, pût être sauvé. Je remerciai ceux qui venaient de faire avorter ma coupable tentative, et me repris à espérer.

VII

Je rentrai donc chez mes hôtes, inquiets de ma longue absence, et, **pendant seize jours**, du 5 au 21 septembre, je me présentai, avec l'obstination stupide de la folie, au guichet des Tuileries, épiant la sortie du roi pour me jeter sous les roues de son carrosse lui demandant la grâce de Raoulx.

Mais pendant ces seize jours, gros d'angoisses de toutes sortes, je n'aperçus pas une seule fois le carrosse royal; les gens galonnés du palais ne manquèrent pas un jour, de leur côté, de me repousser avec de rudes paroles, comme une mendiante dont la misère affligeait leurs yeux.

VIII

Ce fut dans cette attente vaine qu'arriv le 22 septembre, la dernière station de mon douloureux calvaire, le dernier jour de la vie de mon doux ami : une matinée brumeuse et triste, comme si le ciel eût voulu porter le deuil de ces quatre jeunes hommes, que l'injustice humaine condamnait à mourir. Il ne faisait ni jour ni nuit, et plutôt nuit que jour. Chacun frissonnait et se taisait, non par respect pour la loi, mais en compatissant au sort des victimes vouées au couteau du boucher.

J'étais là, au milieu de cette foule grouillante. Je retenais de mon mieux les sanglots qui me secouaient la gorge, et j'essuyais du revers de ma main les larmes qui me coulaient des yeux le long des joues.

Le matin bleuissait, on commençait à distinguer autour de soi les objets jusque-là confus. Çà et là, des ombres farouches traversaient les groupes, échangeant de rapides paroles, et par moment, sans regarder, j'étais bien forcée de voir des armes reluisantes cachées sous les vêtements, dans un but que je ne soupçonnais pas alors, mais que j'ai deviné depuis. Ah! pourquoi n'étaient-ils pas plus nombreux ! Que pouvait cette poignée de braves gens contre cette armée de gendarmes ? Et pourtant, malgré l'infériorité du nombre, il me semble qu'ils auraient dû essayer. Oui, il y eût eu sans doute une mêlée terrible, et peut-être que les quatre victimes auraient été délivrées.

Un bruit sourd courut soudain comme un vent sur cette nuée de têtes humaines. Je me retins aux habits des voisins pour ne pas tomber ; une salive amère me vint aux lèvres, tout se retourna au dedans de moi. J'eus devant les yeux un nuage couleur de sang et je me mis à grincer des dents comme pour menacer quelqu'un. « Marius ! Marius ! » criai-je en étendant les bras vers l'odieuse charrette qui s'avançait lentement et dans laquelle il était debout, un peu pâlot, mais ferme comme un Machabée. Il tourna son regard souriant du côté où était parti mon appel et m'aperçut tout échevelée, les bras tendus en avant, le visage noyé de pleurs. Alors, quoiqu'il en fût un peu empêché par ses liens, il choisit un des bouquets de fleurs dont la foule inondait, en pleurant de pitié, la charrette, et, me le jetant, il me cria : « — Garde-le toujours, Françoise, en souvenir de moi. »

J'étais assez loin de la voiture qui l'emmenait ; je n'en recueillis pas moins son adieu et ses fleurs. « Marius ! Marius ! » répétai-je, sanglotant, à demi pâmée, voulant parler, et m'enrouant avec mes paroles qui m'arrivaient trop vite au gosier : « Marius ! »

Mais la charrette avait disparu.

Je tombai faible. Des passants pitoyables me relevèrent ; serrant avec énergie sur ma poitrine le bouquet que m'avait jeté Marius.

J'étais orpheline, et pour la seconde fois de ma vie, puisque j'avais perdu la seule créature que j'aimasse et qui m'aimât en ce monde.

IX

Vous avez maintenant, Monsieur, le secret de ma misérable existence, vous savez pourquoi, en toute saison, je porte attaché à mon corsage un bouquet de fleurs naturelles chargé de continuer celui de Raoulx que le temps a fané. Il en sera ainsi jusqu'à l'heure où la nuit du tombeau descendra sur ma vie. L'esprit peut avoir ses absences ; mon cœur n'a jamais eu les siennes ; je n'ai pas été distraite une seule minute de ce culte du souvenir qui a été jusqu'ici mon unique reconfort. J'ai quelquefois manqué du pain nécessaire à ma subsistance ; jamais la tombe des quatre sergents de la Rochelle n'a chômé de fleurs.

Peut-être que pour loyer de mes peines et de la résignation avec laquelle je les ai supportées, Dieu daignera me donner un coin de son paradis. Et cependant, en songeant à ce moment-là qui me réunira à mon bien-aimé Raoulx, je me sens triste comme si cette félicité était un châtiment. Car enfin il ne voudra pas reconnaître, dans cette vieille ruine de femme que je suis, la fraîche jeune fille que j'ai été lorsque nous nous sommes aimés.... Pour moi il a toujours vingt-six ans, mais pour lui j'en aurais soixante.

X

— Les âmes ne vieillissent pas, lui dis-je lorsqu'elle eut terminé son récit.

Françoise hocha mélancoliquement la tête d'un air de doute, et, après m'avoir promis de revenir quelquefois causer avec moi du passé, elle me dit adieu et s'éloigna.

Les événements si multipliés de la vie m'avaient fait oublier Françoise et beaucoup d'autres choses aussi sérieuses ; un journal vient de le rappeler à mon souvenir, trop tard.

Françoise est morte avant-hier, 23 août 1864, à l'Hôtel-Dieu.

FIN.

511. — Imprimé par Charles Noblet, rue Soufflot, 18.

www.ingramcontent.com/pod-product-compliance
Lightning Source LLC
LaVergne TN
LVHW050559090426
835512LV00008B/1249